10일 만에 끝내는

해커스
OPIc
Advanced 공략

어떤 질문에도 답할 수 있는

주제별 답변 아이디어
&표현 사전

해커스

CONTENTS

돌발 주제 공략

UNIT 01 학교

OPIc 답변에 사용되는 다양한 아래 예문들을 통해 답변 아이디어를 얻고 유용한 표현을 익힐 수 있다.

교수님

그는 종종 수업에서 흥미로운 이야기를 꺼냈다.	He often **brought up** interesting stories in class.
그녀의 수업은 생물학에 대한 내 흥미를 불러일으켰다.	Her class **kindled** my **interest in** biology.
그는 학생들을 돕는 데 항상 최선을 다한다.	He always **bends over backwards** to help students.
그녀의 강의는 교실에 생기를 불어넣는다.	Her lectures **make the classroom come alive**.
교수님과 나는 시작이 좋지 않았다.	The professor and I **got off on the wrong foot**.
교수님의 시험은 정말 누워서 떡 먹기였다.	Her exams were a real **walk in the park**.

학교생활

역사는 내가 학교에서 두말할 것 없이 가장 좋아했던 과목이었다.	History was **without a doubt** my favorite subject in school.
나는 시험에 대비하기 위해 전력을 다해야 했다.	I had to **buckle down** to get ready for exams.
나는 사람들이 학창 시절을 최대한 즐겨야 한다고 생각한다.	I think that people should **make the most of** their time in school.
나는 목요일에 수업이 연달아 있다.	I've got **back-to-back** classes on Thursdays.
그 학생 식당에서는 단연코 최악의 음식을 제공한다.	The cafeteria serves the worst food **by far**.
어떤 학생들은 수입과 지출의 균형을 맞추는 것을 어려워한다.	Some students find it hard to **make ends meet**.

▌캠퍼스

내 기숙사는 도서관으로부터 매우 가까이 있다.	My dormitory is **a stone's throw from** the library.
내 기숙사 방은 집보다 더 편한 곳이 되었다.	My dorm room has become **a home away from home**.
어떤 학생들은 도서관에 결코 발을 들이지 않는다.	Some students never **set foot in** the library.
나는 내 대학 캠퍼스의 그 모습 그대로를 정말 좋아한다.	I really like my college's campus, **warts and all**.
캠퍼스는 도심의 모든 번잡함에서 떨어져 있다.	The campus is **away from all the hustle and bustle** of downtown.
우리 물리학과 연구실은 장비로 유명하다.	Our physics lab **is renowned for** its equipment.

▌롤플레이 상황 수강 신청을 하려고 교직원에게 질문할 때

저는 이곳이 처음이라서 이것이 어떻게 돌아가는 것인지 잘 모르겠어요.	I'm **new around here**, so I'm not sure how this works.
저는 수업이 꽉 차기 전에 등록하고 싶어요.	I'm hoping to register before the classes **fill up**.
등록을 담당하는 분과 통화할 수 있을까요?	May I speak to the person **in charge of** registration?
등록 사이트는 언제 운영될까요?	When will the registration site be **up and running**?
주변에 물어봤더니 그 수업이 쉬운 것 같아요.	I **asked around**, and that class sounds easy.
수학 수업이 졸업에 필요해서 이 수업을 끝내 버리고 싶습니다.	A math class is required for graduation, and I'd like to **get** this class **over with**.

UNIT 02 수업

OPIc 답변에 사용되는 다양한 아래 예문들을 통해 답변 아이디어를 얻고 유용한 표현을 익힐 수 있다.

수업 시간

나는 노트필기에 많은 노력을 쏟는다.	I **put a lot of effort into** my notes.
교수님은 특별 초청 강연자를 모셔 왔다.	The professor **brought in** a special guest lecturer.
나는 수업 시간에 자주 의견을 내지 않는다.	I don't **speak up** very often in class.
나는 수업 시작하기 전에 항상 교과서를 훑어본다.	I always **look over** the textbook before class starts.
내 개인적인 의견으로 수업 출석은 매우 중요하다.	**If you ask me**, class attendance is very important.
나는 선생님이 중요한 사항들을 요약해 주실 때 도움이 된다고 생각한다.	I find it helpful when the instructor **sums up** the important points.

과제

나는 프로젝트를 겨우 제시간에 마쳤다.	I finished the project **just in time**.
선생님은 프로젝트를 위해 우리를 그룹으로 묶으셨다.	The instructor **put** us **in groups** for the project.
가끔 나는 과제 하는 것을 나중으로 미룬다.	Sometimes I **put off** doing my homework.
과제 양이 내가 감당할 수 있는 것 이상이었다.	The workload was more than I could **cope with**.
나는 과제를 하루 늦게 제출했다.	I **turned in** the assignment a day late.
페이스를 조절하지 않으면 학업에 에너지를 소진하기 쉽다.	It's easy to **burn out** from academic work if you don't **pace yourself**.

전공

나는 내 전공과 관련된 모든 것에 대해 많이 공부했다.	I read up on all things related to my major.
그 수업은 화학에 대한 탄탄한 배경지식을 필요로 했다.	The course required a solid background in chemistry.
정치학과 또는 경영학과로 좁혀졌다.	It came down to political science or business.
처음에는 수학이 어려웠지만, 꾸준히 밀고 나갔기를 잘한 것 같다.	Math was tough at first, but I'm glad I stuck with it.
나는 결정을 내렸고 경제학을 선택했다.	I came to a decision and chose economics.
4년이 지난 후에도, 나는 학과목들을 간신히 겉만 핥은 것 같은 생각이 든다.	Even after four years, I feel I barely scratched the surface of the subject.

롤플레이 상황   수업에 빠져야 해서 교수님께 상황을 설명해야 할 때

일이 생겨서 전화 드립니다.	I'm calling because something has come up.
느닷없이 전화 드려서 죄송합니다.	Sorry to be calling you out of the blue.
이렇게 촉박한 통보를 드려서 죄송합니다.	I'm sorry to give you such short notice.
내일 수업에 못 가요.	I can't make it to class tomorrow.
몸이 좀 안 좋아서요.	I've been feeling a bit under the weather.
제가 놓친 부분을 꼭 모두 따라잡겠습니다.	I'll be sure to catch up on any material I miss.
저에게만 예외로 해주실 수 있을까요?	Would it be possible to make an exception for me?

OPIc 답변에 사용되는 다양한 아래 예문들을 통해 답변 아이디어를 얻고 유용한 표현을 익힐 수 있다.

우리 회사

회사는 서울에 본사를 설립했다.	The company set up its headquarters in Seoul.
그는 1993년에 신규벤처기업을 성공적으로 창립했다.	He founded a successful start-up in 1993.
우리 공장은 매일 수천 개의 장난감을 대량 생산한다.	Our plant churns out thousands of toys every day.
우리는 면직물 시장을 장악했다.	We have cornered the market on cotton.
어떤 사람들은 자기 직업에 대해 상반되는 감정을 가지고 있지만, 나는 내 직업이 좋다.	Some people have mixed feelings about their jobs, but I love my work.
우리는 경제 위기 때 거의 폐점해야 할 뻔했다.	We almost had to close up shop during the economic crisis.

사무실 모습

자연광이 사무실 창문을 통해 쏟아져 들어온다.	Natural light floods in through the office windows.
책상은 최대 생산성을 위해 배치되어 있다.	The desks are laid out for maximum productivity.
넓은 통로는 사람들이 자유롭게 이동할 수 있도록 해준다.	The wide aisles let workers move freely.
우리는 매주 월요일 아침에 회의를 한다.	We hold a meeting every Monday morning.
우리는 사무실 소모품 비용을 줄였다.	We cut back on office supply spending.
우리 사무실을 몇몇 업무를 외주를 준다.	Our office outsources some of the work.

점심시간에 하는 활동

나는 점심시간을 이용해 헬스장에서 운동한다.	I use my lunch break to **work out** at the gym.
직장 동료들과 나는 종종 함께 간단히 식사한다.	My coworkers and I often **grab a bite** together.
점심시간쯤이면, 나는 보통 몹시 배가 고프다.	By lunchtime, I'm usually as **hungry as a bear**.
바쁠 때는 그냥 밥만 먹고 일어나야 한다.	When I'm busy, I just have to **eat and run**.
가끔, 나는 길 건너편에 있는 태국 식당에서 배달시킨다.	Occasionally, I **order delivery** from the Thai restaurant across the street.
가끔, 나는 점심때 친구들을 만난다.	Sometimes, I **get together with** friends at lunch.

롤플레이 상황 · 회사 연수에 빠져야 해서 상사에게 상황을 설명해야 할 때

이번에는 저 없이도 그럭저럭 해나갈 수 있습니다.	They can **get by** without me this time.
만약 제가 참석한다면, 늦게 출석해야 할 것 같습니다.	If I do attend, I'll have to **show up late**.
제가 참석할 방법을 생각해 내야 할 것 같습니다.	I guess I'll have to **figure out** a way to attend.
지금 진행 중인 다른 연수 행사들도 있습니다.	There are other training events **in the works**.
아마도 제가 기존 계획대로 진행해야 할 것 같습니다.	Maybe I should **go through with** the original plan.
중요한 회의라, 저는 곤란한 상황에 있습니다.	It's an important meeting, so I'm **in a tight spot**.
저는 그들이 연수 행사를 연기해 주기를 바랐습니다.	I hoped they would **put off** the training event.

UNIT 04 업무

OPIc 답변에 사용되는 다양한 아래 예문들을 통해 답변 아이디어를 얻고 유용한 표현을 익힐 수 있다.

내가 하는 업무

나의 현재 직업은 내가 단연 가장 좋아하는 것이다.	My current job is my favorite **by a long shot**.
우리 부서에 있는 사람들은 야간근무를 한다.	People in my department **work the night shift**.
나는 고객 서비스 부서를 담당한다.	I'm **in charge of** the customer service department.
저는 항상 업무에 오류가 있는지 재차 확인합니다.	I always **double-check** my work for errors.
저는 회계사라서 항상 수치를 계산합니다.	I'm an accountant, so I'm always **crunching numbers**.
우리는 마감 기한을 지키기 위해 머리를 맞댔다.	We **put our heads together** to meet the deadline.

상품/서비스

우리 신제품 라인이 인기를 얻기 시작하고 있다.	Our new product line is starting to **catch on**.
마케팅 트렌드를 따르는 것은 필수적이다.	It's essential to **keep up with** marketing trends.
우리는 최신 상품을 과시하고자 무역 박람회에 참가한다.	We attend trade fairs to **show off** our latest products.
어떤 상품들에 대해서는 간신히 수지가 맞아떨어진다.	We barely **break even** on some products.
우리는 제품에 문제가 있음을 발견했다.	We **found out** there was a problem with the product.
우린 몇몇 사은품들을 증정하기로 결정했다.	We decided to **give away** some free products.

트레이닝/연수

연수 자료를 주의 깊게 꼼꼼하게 읽는 것이 중요하다.	It's important to **read over** the training materials carefully.
세미나는 마지막 순간에 취소되었다.	The seminar was **called off** at the last minute.
세미나의 자리는 신속히 다 찼다.	The seats in the seminar **filled up** quickly.
트레이닝이 시작되기 전에 우리는 일정을 검토한다.	We **go over** the schedule before training starts.
나는 트레이너가 내 이름을 불렀을 때 긴장했다.	I was nervous when the trainer **called on** me.
나는 내가 배우는 걸 기억하기 위해 항상 필기를 한다.	I always **take down notes** to remember what I learn.
나는 연사가 무슨 말을 하는지 이해하지 못했다.	I couldn't **make out** what the speaker was saying.

롤플레이 상황   사무실에 전화기 설치를 요청하려고 질문할 때

제 책상에 전화기를 설치해 주실 수 있으신가요?	Would you mind **installing a phone** at my desk?
오늘 오후에 그것을 설치해 주실 수 있나요?	Could you **set it up** this afternoon?
제 새 전화기와 관련해 도와주실 수 있나요?	Can you **give me a hand** with my new phone?
기회가 되시면 사무실로 와주실 수 있나요?	Can you come to the office if you **get a chance**?
제가 먼저 책상부터 치워야 할까요?	Do I need to **clear off** my desk first?
오늘 아침에 시간을 좀 내주실 수 있으신가요?	Could you **set aside some time** this morning?
언제 이걸 하실 시간을 내실 수 있나요?	When could you **get around to** it?

UNIT 05 사는 곳

OPIc 답변에 사용되는 다양한 아래 예문들을 통해 답변 아이디어를 얻고 유용한 표현을 익힐 수 있다.

▌나의 집/방

우리 집은 작아서, 청소하는 것은 식은 죽 먹기이다.	My home is small, so cleaning it is **a breeze**.
나는 아파트에 그림을 많이 걸어 놓았다.	I **hung up** a lot of paintings in my apartment.
나는 작년에 아파트를 단장하기로 결정했다.	I decided to **spruce up** my apartment last year.
내 방은 비좁지만 아늑하다.	My room is **cramped but cozy**.
나는 좀 더 큰 집이 필요하지만, 지금 당장은 이사하는 것을 보류 중이다.	I need a bigger place, but moving is **on the back burner** right now.
나는 지하철 옆에 살기 때문에 여기저기 다니는 것이 누워서 떡 먹기처럼 쉽다.	I live by the subway, so getting around is **a piece of cake**.

▌가족 관련 경험

내 남동생은 소파에서 떨어져 다쳤다.	My little brother **fell off** the sofa and hurt himself.
우리는 탁자에 둘러앉아 카드놀이를 하며 놀곤 했다.	We used to **sit around the table** and play cards.
남동생과 나는 기분을 풀러 비디오 게임을 했다.	My brother and I played video games to **let off steam**.
우리는 일요일 아침에는 집에서 빈둥거렸다.	We **lazed around** the house on Sunday mornings.
엄마는 매일 아침 부엌에서 아침 식사를 재빨리 준비하시 곤 했다.	My mom **used to whip up** breakfast in the kitchen every morning.
많은 친척들이 명절 음식을 먹으러 들렀다.	A lot of relatives **came over** for a holiday meal.

과거와 현재의 집 변화

나는 이사 올 때 옛날 가구들을 많이 버렸다.	I **got rid of** a lot of my old furniture when I moved.
내 새로운 집은 옛날 집보다 더 내 취향에 맞는다.	My new place **suits my tastes** better than my old one.
새로운 아파트는 24시간 여는 편의점 건너편에 있다.	The new apartment is across from a convenience store that is open **around the clock**.
나는 지난번 집보다 더 작은 집에 만족해야 했다.	I had to **settle for** a smaller home than my last one.
나는 우리 동네가 조용하고 평온해서 좋다.	I like **the peace and quiet of** my neighborhood.

롤플레이 상황   면접관이 사는 곳에 대해 질문할 때

당신은 룸메이트가 있나요, 아니면 혼자 사시나요?	Do you have roommates or are you **on your own**?
당신의 아파트 안에 보관 창고 같은 곳이 있나요?	Is there some kind of **storage area** in your apartment?
당신은 시내에서 사나요, 아니면 멀리 교외에서 사나요?	Do you live in the city or **out in the suburbs**?
당신은 이웃의 심한 소음을 참아야 합니까?	Do you have to **put up with** a lot of noise from your neighbors?
당신은 대체로 집에 만족하십니까?	Are you **more or less** happy with your home?
당신의 아파트가 당신에게 딱 맞는 장소인 것처럼 들리네요.	It sounds like your apartment is **just the place** for you.
직장에서 바로 코 닿을 거리에 산다는 것은 정말 좋겠어요.	It must be nice to live **right around the corner** from work.

UNIT 06 동네 및 이웃

OPIc 답변에 사용되는 다양한 아래 예문들을 통해 답변 아이디어를 얻고 유용한 표현을 익힐 수 있다.

동네 모습

내가 사는 길은 나무가 늘어서 있다.	The street I live on **is lined with** trees.
가게가 셀 수도 없이 많이 있다.	There are **more** stores **than you can count**.
모퉁이마다 가로등이 있다.	There's a street lamp **on every corner**.
내가 사는 지역에는 작은 커피전문점들이 드문드문 있다.	My area **is dotted with** small coffee shops.
대부분의 건물이 큰길에서 멀리 떨어져 있다.	Most of the buildings are **set back from** the street.
많은 새로운 건물들이 지역에 들어서고 있다.	A lot of new buildings are **going up** in the area.
슈퍼마켓은 여기서 매우 가까운 곳에 있다.	The supermarket is **just down the block from** here.

이웃

그는 불친절해 보이지만, 착한 마음씨를 지니고 있다.	He looks unfriendly, but he's got **a heart of gold**.
대다수 이웃들은 남들과 어울려 지내지 않는 편이다.	Most of my neighbors tend to **keep to themselves**.
나는 가끔 이웃집에 잠깐씩 들른다.	I stop by my neighbor's house **now and then**.
우리 건물에 사는 사람들은 꽤 관계가 돈독한 집단이다.	People in my building are a pretty **tight-knit** group.
우리 건물에 있는 모두는 서로 잘 지낸다.	Everyone in my building **gets along well**.
나의 윗집에 사는 이웃은 아주 조용하다.	My upstairs neighbor is **as quiet as a mouse**.

동네/이웃 관련 경험

우리 동네에 정전이 있었다.	There was a power outage in our neighborhood.
나는 소음에 대해 항의하기로 결심했다.	I decided to file a complaint about the noise.
엘리베이터가 작동하지 않아서 계단을 이용했다.	The elevator was out of service, so I took the stairs.
인도가 얼어붙어 미끄러졌다.	I slipped because the sidewalk had iced over.
그 사고는 내가 지나가고 있었을 때 일어났다.	The accident occurred as I was passing by.
그는 주차장에서 후진하던 중 내 차를 들이받았다.	He hit my car while backing out of the parking lot.
그는 문이 잠겨 아파트에 들어가지 못한다고 내게 말했다.	He told me he was locked out of his apartment.

동네/이웃 관련 이슈

교통 때문에, 소음 공해가 쟁점이다.	Because of the traffic, noise pollution is an issue.
우리 동네에서는, 쓰레기가 주요 걱정거리이다.	In my part of town, litter is a major concern.
그들은 주차 상황에 대해 뭔가 조치를 취해야 한다.	They need to do something about the parking situation.
나는 우리에게 주야로 경비가 필요하다고 생각한다.	I think we need security day and night.
동네에 몇몇 사소한 범죄가 발생했었다.	There has been some petty crime in my neighborhood.
우리는 교대로 도보의 눈을 치웠다.	We took turns clearing the snow from the walkway.

UNIT 07 영화 관람

OPIc 답변에 사용되는 다양한 아래 예문들을 통해 답변 아이디어를 얻고 유용한 표현을 익힐 수 있다.

영화배우

그녀는 참 곱게 늙었다.	She has **aged very well**.
그는 인터뷰에서 매우 똑똑하다는 인상을 준다.	He **comes across as** very smart in interviews.
그는 평범한 보통 사람처럼 생겼다.	He just looks like **an average Joe**.
그녀는 변하지 않는 아름다움을 지녔다.	She has **timeless beauty**.
그녀의 스크린 존재감은 대단하다.	She has great **screen presence**.
그는 수상 경력이 있는 배우이다.	He is an **award-winning** actor.

영화 장르

액션 영화 보는 것은 긴장을 푸는 데 도움이 된다.	Watching an action movie helps me **unwind**.
로맨스물에는 보통 마음을 뒤흔드는 줄거리가 있다.	Romances usually have very **stirring plots**.
나는 공포영화가 너무 무섭기 때문에 싫어한다.	I hate horror movies because they **freak me out**.
판타지 영화는 현실에서의 도피를 제공한다.	Fantasy films provide **an escape from reality**.
다큐멘터리는 그다지 내 흥미를 끌지 못한다.	Documentaries don't really **hold my interest**.
공상과학영화의 특수효과는 나를 짜릿하게 만든다.	Sci-fi films **blow my mind** with their special effects.

영화관의 특징

극장은 3D와 4D 영화를 모두 상영한다.	The theater shows both **3D and 4D** movies.
나는 좌석에 다리를 뻗을 수 있는 공간이 많아서 좋다.	I like the seats because they have a lot of **legroom**.
음향 시스템은 너무나도 훌륭하다.	The sound system is **out of this world**.
내가 가본 곳 중 단연코 최고의 영화관이다.	It is **hands down** the best theater I've been to.
그 화장실은 항상 티끌 하나 없이 깨끗하다.	The bathrooms are always **spotless**.
안전을 위해 바닥 등이 복도를 따라 늘어서 있다.	Floor lights **run alongside** the aisles for safety.
추가 요금 지불 고객들에게는 고급 좌석이 제공된다.	It offers **luxury seating** for customers who pay extra.

롤플레이 상황 친구와 영화를 보러 가려는데 표가 매진되어 대안을 제시할 때

오늘 밤에 그냥 영화를 건너뛰는 건 어때?	Why don't we just **skip** the movie tonight?
아무래도 나중에 하는 영화를 봐야 할 것 같아.	Maybe we should **catch a later show**.
이 지역에 있는 다른 극장을 확인해 볼 수도 있어.	We could **check out** other theaters in the area.
다른 날 밤으로 연기하면 어떨까?	Why don't we **put it off** until another night?
아무래도 그냥 취소해야 할 것 같아.	We should probably just **call it off**.
다른 무슨 영화가 상영되고 있는지 한번 보자.	Let's **take a look** at what else is playing.
토요일 좌석을 예매할 수 있을지도 몰라.	Maybe we could **book seats** for Saturday.
다음 상영까지 그냥 기다리자.	Let's just **wait around** until the next show.

UNIT 08 공원 가기

OPIc 답변에 사용되는 다양한 아래 예문들을 통해 답변 아이디어를 얻고 유용한 표현을 익힐 수 있다.

▌공원 모습

공원은 도시 변두리에 위치하고 있다.	The park is located just outside of town.
공원은 큰 강을 따라 나 있다.	The park runs along a major river.
나무가 보는 곳마다 있다.	There are trees everywhere you look.
소풍을 할 수 있는 잔디밭 지역이 있다.	There's a grassy area where you can have a picnic.
그곳은 그냥 정말 평범한 공원이다.	It's just a run-of-the-mill public park.
공원이 주말에는 매우 붐빈다.	The park is very crowded on weekends.

▌공원에서 하는 활동

나는 저녁때 공원에서 산책한다.	I go for a stroll in the park in the evening.
반려견을 산책시키기에 훌륭한 장소이다.	It's a great place to walk your dog.
많은 사람이 신선한 공기를 쐬러 그곳에 간다.	A lot of people go there for the fresh air.
나는 매주 토요일에 공원에서 친구들과 만난다.	Every Saturday I get together with my friends at the park.
나는 트랙에서 몇 바퀴 돌기 위해 종종 아침에 간다.	I often go in the mornings to run laps on the track.
농구 코트에서는 보통 즉석 경기가 벌어진다.	There's usually a pickup game at the basketball court.
가끔 나는 도시락을 싸서 공원에서 오후를 보낸다.	Sometimes, I pack a lunch and spend the afternoon in the park.

공원에서 겪은 경험

갑자기 비가 아주 많이 쏟아지기 시작했다.	**All of a sudden**, it started raining heavily.
단풍의 색깔은 그야말로 매우 아름다웠다.	The colors of the leaves were **absolutely stunning**.
공원은 피켓을 흔들며 시위하는 사람들로 가득 찼다.	The park **was full of** protesters waving signs.
공원은 내가 상상했던 것보다 훨씬 더 아름다웠다.	The park was even more beautiful **than I had imagined**.
다리에 통증을 느꼈을 때 나는 내가 곤경에 처했음을 알았다.	I knew I **was in trouble** when I felt pain in my leg.
야외 요가 수업은 나에게 깊은 인상을 남겼다.	The outdoor yoga class **made quite an impression on me**.

롤플레이 상황 친구와 공원에 가려고 질문할 때

혹시, 오늘 나와 함께 공원에 같이 갈래?	**By any chance**, would you like to go to the park with me today?
동네 공원에서 산책하는 건 어때?	How about **taking a walk** at the local park?
내 생각에 공원에서 신선한 공기를 쐬면 좋을 것 같아.	I thought it would be good to **get some fresh air** at the park.
너는 몇 시에 만나고 싶어?	What time do you want to **meet up**?
오늘 오후에 혹시 한가하니?	**Are you free** at all this afternoon?
좋아, 공원 입구에서 3시 30분에 보자.	OK, I'll see you **at the park entrance** at 3:30.
나는 2시까지 공원에 도착할 수 있을 거야.	I should be able to **make it to the park** by 2 o'clock.

UNIT 09 해변 · 캠핑 가기

OPIc 답변에 사용되는 다양한 아래 예문들을 통해 답변 아이디어를 얻고 유용한 표현을 익힐 수 있다.

해변/캠핑장 모습

바닷물은 수정같이 맑다.	The ocean water is **crystal clear**.
탈의실은 주차장 근처에 위치해 있다.	The **changing area** is located near the parking lot.
여름에는 모래가 타는 듯이 뜨거울 수 있다.	The sand can be **scorching hot** on summer days.
해변이 끝이 안 보이게 펼쳐져 있다.	The beach stretches out **as far as the eye can see**.
캠핑장 입구 근처에 장작이 있다.	There's **firewood** near the campground entrance.
대부분의 사람들이 자기가 어지른 것을 치운다.	Most people **clean up after themselves**.

해변/캠핑장에서 하는 활동

날이 더워지면, 나는 수영을 간다.	When it gets hot, I **go for a swim**.
어렸을 때 나는 모래성 쌓기를 좋아했다.	When I was young, I enjoyed **building sandcastles**.
나는 해변에서 하루 종일 누워있을 수 있다.	I could **lie out** on the beach all day.
나는 온도를 확인하기 위해 물에 발가락을 담근다.	I **dip my toe in the water** to check the temperature.
나는 어두워지면 별 관찰하기를 즐긴다.	I enjoy **stargazing** when it gets dark.
햇볕을 쬐는 것은 기분이 좋다.	It feels great to **soak in the rays**.
나는 해변에서 공을 차는 것을 좋아한다.	I like to **kick a ball around** on the beach.

해변/캠핑장에서 겪은 경험

아빠와 함께한 캠핑 여행은 돈독한 정을 쌓는 경험이었다.	The camping trip with my dad was a bonding experience.
나는 수영하던 사람이 곤경에 빠진 것을 볼 수 있었다.	I could see that the swimmer was in distress.
날씨가 협조해 주지 않았던 것이 너무 애석했다.	It was too bad that the weather didn't cooperate.
우리는 모닥불에 둘러앉아 온갖 간식을 먹었다.	We sat around the fire and ate all kinds of snacks.
바다는 수영하기에 완벽한 온도였다.	The water was the perfect temperature for swimming.
우리는 물에서 물장구를 치며 아주 즐거운 시간을 보냈다.	We had a blast splashing around in the water.
나는 추위 때문에 밤새도록 뒤척거렸다.	I tossed and turned all night due to the cold.

롤플레이 상황 캠핑용 침낭을 샀는데 구멍이 나 있어서 상점에 질문할 때

텐트에 구멍이 난 것으로 드러났습니다.	It turns out there's a hole in the tent.
교환을 하는 것이 가능할지 알고 싶습니다.	I'd like to know if it's possible to do an exchange.
환불받는 것에 대해 가게 방침이 어떻게 되나요?	What's the store policy for getting a refund?
아직 영수증이 어딘가에 놓여 있을 것 같습니다.	I think I still have the receipt lying around.
이것을 대충 수선할 수 있는 뭔가가 있나요?	Do you have anything that could patch this up?
더 믿을만한 모델을 추천해 주실 수 있을 것 같아요.	Maybe you can point me to a more reliable model.

UNIT 10 스포츠 관람

OPIc 답변에 사용되는 다양한 아래 예문들을 통해 답변 아이디어를 얻고 유용한 표현을 익힐 수 있다.

스포츠 관람 경향

나는 경기를 보고 맥주를 마시러 스포츠 바에서 종종 친구들을 만난다.	I often meet my friends **at a sports bar** to watch games and drink beer.
큰 화면으로 경기를 보는 것은 굉장히 재미있다.	It's a lot of fun to **watch games on a big screen**.
나는 야구 경기를 TV로 보는 것도 괜찮지만, 직접 보는 것을 더 좋아한다.	I don't mind watching baseball on TV, but I enjoy **watching it live** more.
나는 내가 좋아하는 팀이 경기하는 것을 볼 때 항상 최대한 큰 소리로 응원한다.	I always **cheer as loud as I can** when I watch my favorite team play.
한국 사람들은 축구에 열광한다.	People in Korea **go crazy over** soccer.
우리나라 사람들은 골프 경기 관람에 빠져있다.	People in my country are **hooked on** watching golf.

스포츠팀

내가 가장 좋아하는 야구팀은 삼성 라이온즈인데, 우리 고향 출신이기 때문이다.	My favorite baseball team has to be the Samsung Lions because they're **from my hometown**.
아버지는 사직 야구장에 그들의 경기를 보러 나를 데리고 가곤 하셨다.	My father used to **take me to their games** at Sajik Baseball Stadium.
한국 국가대표 배구팀은 아시안 게임에서 1등을 했다.	The Korean national volleyball team **placed first** in the Asian Games.
FC서울과 제주 유나이티드 간의 경기는 매우 치열했다.	**The match between** FC Seoul and Jeju United was intense.
나는 가장 뛰어난 두 팀이 서로 대결하는 것을 보려고 표를 샀다.	I bought tickets to see the two best teams **compete against each other**.
나는 우리 팀이 전국 농구 체전에서 우승했을 때 매우 기뻤다.	I was so happy when my team **won the national basketball championships**.

스포츠 선수

그는 기량이 뛰어난 수영 선수이다.	He is an **accomplished** swimmer.
그는 선수 경력 동안 4개의 올림픽 메달을 획득했다.	He has **won** four **Olympic medals** in his career.
그녀는 유망한 어린 체조선수이다.	She is a **promising** young gymnast.
그는 팀의 떠오르는 유망주이다.	He's the team's new **rising star**.
그는 전직 국가대표팀 주장이었다.	He was the former captain of **the national team**.
그녀는 골프를 매우 어릴 때부터 시작했다.	She began playing golf **from a very young age**.
그는 그 팀의 모든 현직 선수 중에서 내가 가장 좋아하는 선수이다.	Of all the **current players on the team**, he is the one I like the most.

롤플레이 상황   친구와 스포츠 경기를 보려 했으나 표가 매진되어 대안을 제시할 때

그동안에 내가 경기를 볼 수 있는 스포츠 바를 찾아볼게.	**In the meantime**, I would try to find a sports bar where we could watch the game.
경기를 집에서 TV로 보는 것도 굉장히 재미있을 수 있어.	Watching a game on TV at home **can be lots of fun**, too.
경기장 안에 있는 것과 똑같진 않겠지만, 안 보는 것보다는 낫잖아.	It **wouldn't be the same as** being inside the stadium, but it's better than nothing.
나중에는 내가 표를 되도록 일찍 사도록 노력할게.	**In the future**, I would try to buy the tickets as early as possible.
잊지 않게 핸드폰에 리마인더를 설정해 놓을게.	I would **place a reminder on** my phone so I don't forget.
나중에 만회할 것을 약속할게.	I promise I'll **make up for it** in the future.

UNIT 11 쇼핑하기

OPIc 답변에 사용되는 다양한 아래 예문들을 통해 답변 아이디어를 얻고 유용한 표현을 익힐 수 있다.

▌쇼핑 장소

에스컬레이터가 다른 층들을 연결한다.	The escalators **connect up** the different levels.
탈의실은 보통 가게 뒤쪽에 있다.	**The changing rooms** are usually at the back of the store.
고급 상점들이 늘어선 큰 도로가 있다.	There's a wide boulevard lined with **exclusive shops**.
그곳은 호화롭진 않아도 내가 필요한 것은 다 있다.	It's not a **flashy** place, but it has everything I need.
그 지역에는 고풍스러운 작은 가게들이 몇 개 있다.	There are some **quaint** little shops in the area.
그들은 널 안으로 유인하려는 큰 쇼윈도를 갖고 있다.	They have huge window displays **to try and entice you inside**.

▌쇼핑 경험

그들이 내게 유통기한이 일주일 지난 음식을 팔았다.	They sold me food that was a week **past the sell-by date**.
딱 그것 같은 것을 몇 달 동안 찾고 있었다.	**I'd been looking for** something just like that for months.
그렇게 친절한 직원을 상대하니 좋았다.	It was nice to deal with staff who were so **attentive**.
그렇게 오랫동안 줄을 서 기다려야 했던 것은 처음이었다.	**Never before have** I had to wait in a line for so long.
그들은 그것을 보상하려고 내게 가게 포인트를 좀 주었다.	They gave me some **store credit** to **make up for** it.
친구를 기다리면서 가게를 둘러보고 있었다.	I was **browsing through** the store while waiting for a friend.
환불받기 위해 거기로 완전히 다시 돌아가야 했다.	I had to **go all the way back** there to get a refund.

쇼핑 습관

나는 늘 몇몇 가게에서 가격을 확인할 것을 고집한다.	I always **insist on** checking prices at a few stores.
나는 보통 물건을 사기 전에 쇼핑을 많이 한다.	I usually **shop around** a lot before making a purchase.
나는 최대한 빨리 들어갔다 나오려고 한다.	I try to **get in and out** as quickly as possible.
나는 사람들이 나를 쇼핑몰로 끌고 다니는 것이 싫다.	I hate it when people **drag** me **around the mall**.
솔직히 말하자면, 나는 요즘 쇼핑을 대부분 인터넷으로 하는 경향이 있다.	I tend to do most of my shopping online these days, **if I'm being honest**.
나는 비록 돈이 조금 더 들더라도 오래 가는 것들을 사려고 한다.	I try to buy things that will **last a long time**, even if they cost a bit more.
앱으로 주문하는 것이 훨씬 더 편리하다.	It's so much more convenient to **order with the app**.
나는 종종 내가 원하는 것이 재고가 있는지 확인하기 위해 온라인으로 확인해 본다.	I often **check online** to make sure that what I want is **in stock**.

롤플레이 상황 — 새로 산 신발이 불편해서 점원에게 대안을 제시할 때

신발이 발 앞쪽에 지나치게 꽉 낍니다.	They're **way too tight** on the front of my foot.
신발이 제 뒤꿈치에 아래위로 쓸려요.	They **rub up and down** against my heel.
어쩌면 제가 살짝 더 큰 것으로 교환할 수 있을까요?	Perhaps I could exchange them for **something slightly bigger**?
아직 밖에서 신지 않아서 신발이 여전히 새것처럼 좋습니다.	I haven't worn them outside yet, so they're still **as good as new**.
전 혹시 몰라서 늘 영수증을 보관해요.	I always keep the receipt **just in case**.
대신 가게에서 쓸 수 있는 상품권을 주실 수 있나요?	Could you offer me **a gift card** for the store instead?

UNIT 12 TV · 리얼리티 쇼 시청하기

OPIc 답변에 사용되는 다양한 아래 예문들을 통해 답변 아이디어를 얻고 유용한 표현을 익힐 수 있다.

▌TV 프로그램

그 드라마는 마지막에 깜짝 반전이 있었다.	The drama had a surprise **twist** at the end.
그 리얼리티 쇼만큼 내 주의를 끈 쇼는 없었다.	No other show has **captured my attention** more than the reality show.
그 프로그램은 중요한 이슈에 대해 정보를 주었다.	This program **shed light on** an important issue.
나는 코미디 쇼의 그 장면이 굉장히 웃겼다.	I found that scene in the comedy show to be **hilarious**.
요리 프로가 요즘 대유행이다.	Cooking shows **are all the rage** these days.

▌등장인물

나는 그 프로그램에 나오는 남자 참가자 중 한 명의 팬이다.	**I'm a fan of** one of the male contestants on the show.
그는 그 때문에 곤경에 처하는데도, 자주 생각을 솔직하게 말한다.	He **speaks his mind** a lot, though it does get him into trouble.
그녀는 제일 착한 사람은 아니지만 나는 그녀의 솔직담백함이 좋다.	She isn't the nicest person, but I like her **forthrightness**.
대부분 심사위원들은 꽤 공정해 보인다.	**For the most part**, the judges seem to be pretty fair.
나는 그들에게 공감했고 그들을 응원하고 싶었다.	I sympathized with them and wanted to **cheer** them **on**.
그들의 필터 없는 비평은 언제나 재미있다.	Their **unfiltered** comments are always entertaining.
그는 그다지 정직한 사람이 아니다.	He isn't exactly **a straight arrow**.
그는 다른 출연진들 사이에서 너무 거만하게 행동한다.	She acts so **high and mighty** around the other cast members.

과거와 현재의 TV 프로그램 변화

오늘날의 TV 프로그램은 과거의 것과는 전혀 다르다.	TV shows today **are nothing like** the ones from past.
내가 보기에는, 그것들은 어린이들보다는 어른들을 위한 것이다.	**As I see it**, they're more for grown-ups than for children.
요즘 TV에 나오는 너무 많은 프로그램들이 저속하다.	Too many shows on TV these days **are in bad taste**.
나쁜 말들이 과거와 달리 삐 처리되지 않는다.	Bad words are not **bleeped out** like they were in the past.
나는 오늘의 유치한 리얼리티 TV쇼에 신물이 난다.	**I'm fed up with** today's silly reality TV shows.

롤플레이 상황 　리얼리티 쇼에 방청객으로 참가하려고 PD에게 질문할 때

제가 오디션을 통과해야 하나요?	Will I need to **go through** an audition?
제가 보수 측면에서 무엇을 기대할 수 있나요?	What can I expect **in terms of** payment?
이번 시즌에 어떤 연예인이 출연하나요?	Which celebrities **are starring** in the show this season?
저는 즉시 촬영을 시작할 준비가 되어 있어요.	I'm ready to begin filming **at the drop of a hat**.
저는 첫 번째 에피소드부터 이 프로그램을 시청해 왔어요.	I've been **tuning into** this show since the first episode.
제가 어떤 불편한 상황들을 다뤄야 하게 되나요?	Will I have to **deal with** any uncomfortable conditions?
제가 촬영을 위해 세트장에서 얼마나 오래 기다리게 될 예정인가요?	How long will I be expected to **hang around** the set for filming?

UNIT 13 카페 / 커피전문점에 가기

OPIc 답변에 사용되는 다양한 아래 예문들을 통해 답변 아이디어를 얻고 유용한 표현을 익힐 수 있다.

카페 모습

테이블이 너무 많아서 앉는데 좀 **빽빽하다**.	There are so many tables that sitting down is **a bit of a squeeze**.
오래된 에스프레소 기계로 매우 **빈티지한 느낌이** 있다.	It has a really **vintage feel** with an old espresso machine.
장식은 확실히 특별한 것이 없다.	The décor is certainly **nothing special**.
사람들로 항상 북적거린다.	It's **always packed with** people.
큰 창문이 사람 구경하기에 좋다.	The large windows are great for **people-watching**.
커피 향이 그곳을 매우 아늑하게 느껴지게 만든다.	The smell of the coffee makes it feel very **cozy**.
직원들은 주문을 매우 빠르게 처리한다.	The staff is very **speedy with the orders**.

카페에서 하는 활동

뜨거운 차 한 잔이 보통 내가 주문하는 것이다.	A steaming mug of tea is **my usual order**.
나는 간단한 간식이나 샌드위치도 먹는 것을 좋아한다.	I like to get **a quick snack** or a sandwich as well.
나는 신문을 가지고 앉아서 쉬는 것을 좋아한다.	I love to **sit down with** a newspaper and relax.
나는 자리를 잡고 교재를 펼쳐 놓는다.	I grab a table and **spread** my textbooks **out**.
가끔 나는 그곳에 그냥 나만의 시간을 잠시 가지러 가는 것을 좋아한다.	I like to go there sometimes just to **get a few minutes to myself**.
나는 전에 심지어 그곳에 앉아서 보드게임을 하고 논 적도 있다.	I've even sat down and **played board games** there before.

카페 관련 경험

내 충성심에 대해 보답하기 위해, 그 카페는 내 10번째 방문 때 무료 음료를 주었다.	To **reward my loyalty**, the café gave me a free drink on my 10th visit.
커피의 맛은 나에게 집 생각이 나게 했다.	The taste of the coffee **reminded me of home**.
나는 앉아서 일기를 수 페이지 적었다.	I sat down and **wrote** pages and pages in **my journal**.
나는 서빙하던 여자와 같은 학교에 다녔다는 것을 알아차렸다.	I realized that I **went to school with** the woman who was serving me.
수다를 떠는 시간을 가져서 좋았다.	It was good to **have some time to chat**.
커피 머그잔이 내 손에서 미끄러졌다.	The coffee mug **slipped from my hand**.
커피가 너무 뜨거워서 입천장을 데었다.	The coffee was so hot that it **burned the roof of my mouth**.

롤플레이 상황 카페에서 원하는 메뉴가 없어 직접 질문할 때

대신 저지방 우유가 있나요?	Do you have **low-fat milk** instead?
샌드위치 중 고기가 들어가지 않은 것이 있나요?	Do any of the sandwiches come **without meat**?
데우는 데 시간이 얼마나 걸릴까요?	How long will it take to **heat up**?
저는 몇 분 후에 기차를 타야 해요.	I **have a train to catch** in a few minutes.
구매 가능한 건강에 좋은 선택사항들이 있나요?	Are there any **healthy options** available?
그러면 전 그냥 간식만 먹어야겠네요.	I guess I'll just **get a snack**, then.

UNIT 14 SNS에 글 올리기

OPIc 답변에 사용되는 다양한 아래 예문들을 통해 답변 아이디어를 얻고 유용한 표현을 익힐 수 있다.

나의 SNS 활동

나는 스마트폰에 있는 앱을 사용해서 사이트에 접속한다.	I **access the site** using an app on my smartphone.
나는 다른 사람들의 게시글에 댓글을 거의 남기지 않는다.	I almost never **leave comments** on other people's posts.
나는 마음이 맞는 사람들과 내 게시글을 공유한다.	I share my posts with **like-minded** people.
나는 논란이 많은 글을 올리지 않으려고 노력한다.	I try not to **make** controversial **posts**.
나는 친구들 중 누가 상태를 업데이트했는지 확인한다.	I check if any of my friends have **updated their statuses**.
식당이 두드러지게 뛰어나면 나는 내 블로그에 리뷰를 올린다.	When a restaurant **stands out**, I post a review on my blog.

SNS 관련 경험

내 계정이 해킹당해서 비밀번호를 재설정해야 했다.	My account **was hacked**, so I had to reset my password.
나는 사진에서 다른 사람을 잘못 태그한 것을 발견했다.	I realized that I had **tagged** the wrong person in a picture.
사이트가 일주일 동안 접속이 되지 않아 확인할 수가 없었다.	The site **was down** for a week, so I couldn't check it.
나는 무심결에 개인 메시지를 공개하였다.	I had unintentionally **made a private message public**.
나는 여동생을 실수로 친구 끊기 했었다.	I **defriended** my sister by mistake.
나는 내가 모르는 누군가로부터 친구 요청을 받았다.	I got **a friend request** from someone I didn't know.

SNS에 대한 내 생각

단편 비디오의 대유행이 있었다.	There was **a boom** in short-form videos.
나는 SNS가 단점보다 장점이 더 많다고 생각한다.	I think social networks **have more pros than cons**.
사용자 정보의 보안이 최우선 사항이 되어야 한다.	**The security of user data** should be a priority.
사람들이 직장에서 SNS를 사용하면 생산성이 악화된다.	**Productivity suffers** when people use social networks at work.
소셜미디어는 이전보다 훨씬 더 사용자에게 편하다.	Social media is a lot more **user-friendly** than it once was.
인스타그램은 내가 가장 좋아하는 사이트이지만, 틱톡도 그 비슷하게 두 번째로 좋아한다.	Instagram is my favorite site, but TikTok is **a close second**.
어떤 사람들은 온라인 신원 뒤에 숨는다.	Some people **hide behind** their online identities.

롤플레이 상황 면접관이 사용하는 SNS에 대해 질문할 때

어떤 사이트에 가장 많이 들어가시나요?	Which sites do you **visit** the most?
비밀번호를 잊어버린 적이 한 번이라도 있나요?	Has your password ever **slipped your mind**?
사진을 많이 올리시나요?	Do you **upload** a lot of photos?
프로필 정보를 최근에 업데이트하신 적이 있나요?	Have you updated your **profile information** recently?
그것을 매일 사용하시나요?	Do you use it **on a daily basis**?
인터넷에 접속할 수 없을 때 불안해지시나요?	Do you **get antsy** when you can't go online?

UNIT 15 음악 감상하기

OPIc 답변에 사용되는 다양한 아래 예문들을 통해 답변 아이디어를 얻고 유용한 표현을 익힐 수 있다.

음악 장르

록 음악은 나를 정말 신나게 만든다.	Rock music really **pumps** me **up**.
클래식 음악은 내 불안한 긴장감을 가라앉힌다.	Classical music soothes **my rattled nerves**.
팝 음악은 어김없이 내 기분을 좋게 만든다.	Pop music never fails to **put me in a good mood**.
나는 기억하기 쉬운 멜로디의 대중가요를 좋아한다.	I like pop songs that have **catchy** melodies.
나는 몇 년 동안 힙합 음악에 빠져 있었다.	I've been **obsessed with** hip-hop music for years.
테크노 음악은 모두를 위한 것은 아니지만, 나는 매우 좋아한다.	Techno music **isn't for everyone**, but I love it.

가수

그는 감정이 풍부한 목소리를 지녔다.	He has a **soulful** voice.
그는 작곡에도 천부적 재능이 있다.	He has a **natural gift** for songwriting as well.
그는 내가 듣기 매력적인 걸걸한 목소리를 갖고 있다.	He has a **gravelly voice** that appeals to me.
그녀는 어떤 노래든 귀로 듣고 외워서 연주할 수 있는 능력을 갖고 있다.	She has the ability to **play any song by ear**.
그녀가 노래를 부를 때면 시간이 멈춘 듯하다.	When she sings, **time stands still**.
그녀의 폭넓은 목소리 음역은 인상적이다.	Her extensive **vocal range** is impressive.

음악 감상 습관

나는 라디오를 들으면서 하루를 시작한다.	I **start my day** by listening to the radio.
음악 스트리밍 서비스는 내가 이동 중에 음악을 들을 수 있게 해준다.	The music streaming service lets me listen to music **on the go**.
음악은 출근길에 내가 버틸 수 있게 해주는 것이다.	Music is what **gets me through** my commute.
퇴근 후 나는 긴장을 풀고 R&B 음악 듣는 것을 좋아한다.	After work, I like to **kick back** and listen to some R&B.
나는 밤에 컴퓨터를 켜고 음악을 스트리밍한다.	I **turn on** my computer at night and stream music.
스마트폰은 내가 언제 어디에서나 음악을 들을 수 있게 해준다.	My smartphone lets me listen to music **anytime, anywhere**.
나는 잠이 들 때 음악 듣는 것을 즐긴다.	I enjoy listening to music as I **drift off to sleep**.

음악의 변화

음악 스트리밍 서비스는 대세가 되었다.	Music streaming services have **gone mainstream**.
싱어송라이터들은 이제 더 이상 흔치 않다.	**Singer-songwriters** are not very common anymore.
요즘은 외모가 음악적 재능보다 더 중요한 것 같다.	Appearance seems to **count for more** than musical talent these days.
온라인 저작권침해는 음악 수익을 감소시켰다.	Online piracy has **cut into** music profits.
보이밴드들이 요즘 차트를 장악하고 있다.	Boy bands **dominate the charts** these days.
인디 음악이 점점 더 인기가 많아지고 있다.	Indie music is becoming **increasingly popular**.

UNIT 16 악기 연주하기

OPIc 답변에 사용되는 다양한 아래 예문들을 통해 답변 아이디어를 얻고 유용한 표현을 익힐 수 있다.

나의 악기

바이올린은 현악기의 한 예이다.	The violin is an example of **a stringed instrument**.
나는 스트레스를 풀려고 드럼을 연주한다.	I play the drums to **release tension**.
악기 연주하는 방법을 배우는 것은 창의력을 키울 수 있다.	Learning how to play an instrument can **boost creativity**.
어떤 악기는 구멍에 숨을 불어넣어야 한다.	Some instruments require you to **blow into** an opening.
나는 가끔 피아노를 치고 싶은 충동이 든다.	I **get the urge** to play the piano sometimes.
내 친구들은 내가 상당한 바이올린 연주가라고 말한다.	My friends say I am **quite the** violinist.

악기 연습

피아노를 배우는 것은 그다지 쉬운 일이 아니다.	Learning the piano is not exactly **a cakewalk**.
어머니는 나에게 항상 연습이 완벽을 만든다고 말씀하셨다.	My mother always told me that **practice makes perfect**.
피아노 연습하는 것은 내 일과의 한 부분이다.	Practicing the piano is part of my **daily routine**.
나는 악보 대를 설치하고 난 후 연습을 시작한다.	I **set up** my music stand and then start to practice.
나는 완벽하게 연주할 때까지 각 악곡을 반복한다.	I repeat each **musical piece** until I play it perfectly.
많이 연습한 후에 나는 감을 잡기 시작했다.	After a lot of practice, I started to **get the hang of it**.

악기 관련 경험

나는 기타를 꽤 잘 쳤지만, 노래를 맞춰 부르는 것은 별개의 이야기였다.	I played guitar pretty well, but singing along was **another story**.
처음에 나는 바이올린에서 긁는 듯한 소리밖에 못 냈다.	At first, I only made **scratchy sounds** on my violin.
어깨에서 바이올린이 미끄러져 내리지 않도록 유지하는 것이 힘들었다.	It was hard to keep the violin from **slipping off** my shoulder.
나는 베토벤을 들은 후 피아노에 관심이 생겼다.	I **got interested** in the piano after listening to Beethoven.
나는 플루트를 연주하는 능력이 없음을 초반에 알고 있었다.	I knew **early on** that I didn't have the ability to play the flute.
나는 악기 연주에 대해 정식 교육을 받아본 적이 한 번도 없다.	I've never had any **formal training** in a musical instrument.

롤플레이 상황   면접관의 악기 연주 취미에 대해 질문할 때

당신도 악기를 연주한다니 멋지네요.	**It's great that** you also play an instrument.
당신은 바이올린에 어떻게 관심을 갖게 되셨나요?	What **sparked** your **interest in** the violin?
당신은 수업을 들었나요, 아니면 독학했나요?	Did you take lessons, or are you **self-taught**?
당신이 어떻게 연주하는 것을 배웠는지 상세하게 설명해 주실 수 있나요?	Can you **elaborate on** how you learned to play?
당신은 혼자 연주하나요, 아니면 오케스트라와 함께하나요?	Do you **play solo** or with an orchestra?
오케스트라와 함께 연주하는 것은 어떤가요?	**What is it like** to play with an orchestra?

UNIT 17 요리하기

OPIc 답변에 사용되는 다양한 아래 예문들을 통해 답변 아이디어를 얻고 유용한 표현을 익힐 수 있다.

나의 요리

나의 자신 있는 요리는 김치볶음밥이다.	My **go-to dish** is kimchi fried rice.
나는 요즘 다이어트 중이라 건강식을 요리한다.	I'm **on a diet** these days, so I cook healthy food.
참기름은 음식의 향을 끌어내는 데 도움이 된다.	Sesame oil helps **bring out the flavor** in food.
나는 요리 프로그램에서 유용한 비결들을 얻었다.	I've **picked up** useful tips from cooking shows.
요리를 먹음직스럽게 만드는 것이 반 이상 차지한다.	Making the dish look good is **half the battle**.
나는 내 요리 실력을 향상하기 위해 요리책을 종종 읽는다.	I often read cooking books to **brush up on** my culinary skills.

요리 관련 경험

오늘 아침, 나는 어떤 빠르고 쉬운 요리를 재빨리 뚝딱 만들었다.	This morning, I **threw together** something quick and easy.
불행하게도 나는 그것을 바싹 태웠다.	Unfortunately, I **burned** it **to a crisp**.
조리법을 그대로 따라 했지만, 음식은 맛이 없었다.	I **followed the recipe**, but the food wasn't good.
나는 음식을 망쳤다고 생각했지만, 결국 잘 되었다.	I thought I'd ruined the food, but it **turned out fine**.
나는 가스레인지를 켜 놓았고 거의 집을 태울 뻔했다.	I left the gas stove on and almost **burned the house down**.
나는 준비할 시간이 많지 않아서 뭔가 빠른 것을 생각해 내야 했다.	I didn't have much time to prepare, so I had to **come up with** something fast.

요리 방법

최근에 나는 매우 맛있는 조리법을 우연히 발견했다.	Recently, I came across a very delicious recipe.
시작하기 전에 오븐을 예열해야 한다.	Before you start, you need to preheat the oven.
나는 향을 돋구기 위해 요리에 빨간 고추를 첨가한다.	I add some red pepper to the dish to spice it up.
아마 약간의 소금도 쳐야 할 것이다.	You might need to add a dash of salt, too.
생선 한쪽 면을 2분 동안 익힌 후, 뒤집는다.	After the fish has cooked for two minutes on one side, flip it over.
이 조리법은 준비시간을 많이 필요로 하지 않는다.	This recipe doesn't require much prep time.
만약 양파를 좋아하지 않는다면 빼도 된다.	If you don't like onions, you can leave them out.
완벽한 오믈렛은 달걀 2개로 되는데, 그 이상도 이하도 아니다.	The perfect omelet has two eggs, no more and no less.

롤플레이 상황   면접관의 요리하는 취미에 대해 질문할 때

당신은 하루 동안 요리를 몇 번 합니까?	How many times do you cook in the course of a day?
중요한 재료를 빼놓았던 적이 있나요?	Have you ever left out an important ingredient?
요리할 때 앞치마를 두르나요?	Do you put on an apron when you cook?
당신은 요리할 때 책에 나온 그대로 하나요?	Do you do things by the book when you cook?
없으면 안 되는 요리 도구 하나는 무엇인가요?	What is the one cooking tool you can't do without?
가장 많이 의존하는 재료는 무엇인가요?	What ingredients do you rely on most?

OPIc 답변에 사용되는 다양한 아래 예문들을 통해 답변 아이디어를 얻고 유용한 표현을 익힐 수 있다.

작가

그의 첫 소설은 정말 나를 감동시켰다.	His first novel really **touched** me.
모두가 그의 새로 나올 책을 읽고 싶어 한다.	Everyone **is dying to** read his upcoming book.
나는 그의 시를 하나하나 다 읽어봤다.	I have read **each and every one of** his poems.
그는 단연코 내가 가장 좋아하는 소설가이다.	She is **far and away** my favorite novelist.
그녀의 책은 처음부터 마지막까지 아름답게 쓰였다.	Her books are beautifully written **from start to finish**.
그는 확실히 내가 가장 좋아하는 미스터리 작가이다.	He is **hands down** my favorite mystery writer.
그는 새로운 책을 시작하기 전에 항상 심도 있는 연구를 한다.	He always **does in-depth research** before he begins a new book.
비록 그가 쉬운 말로 쓰지만, 그의 아이디어는 매우 복잡하다.	Although he writes **in plain language**, his ideas are very complex.

독서 관련 경험

나는 스토리의 강렬한 등장인물들에 빠져들었다.	I **fell in love with** the story's compelling characters.
내가 가장 좋아하는 소설은 *어린 왕자*이다.	My **absolute favorite novel** is *The Little Prince*.
그의 전기를 읽는 것은 내 삶을 바꾸어 놓았다.	Reading his **biography** changed my life.
나는 공포 책들을 읽곤 했는데 그것은 밤새 나를 잠들지 못하게 했다.	I used to read horror books, but they **kept me up at night**.
그 소설은 예상치 못한 반전으로 나를 놀라게 했다.	The novel shocked me with its **unexpected plot twists**.
책의 첫 페이지에서부터 책의 줄거리에 깊이 빠져들었다.	I **became immersed in** the book's plot from the first page.

독서를 시작한 계기와 변화

나는 언제나 책벌레였다.	I've always been a **bookworm**.
나의 독서에 대한 열정은 부모님 덕분이다.	I **have my parents to thank** for my love of reading.
그들은 도서 세트를 사고 한 번에 한 권씩 꺼내주셨다.	They bought **reading sets** and brought out one book at a time.
나는 항상 다음 책이 무엇에 관한 것일지 간절히 보고 싶어 했다.	I was always **eager to see** what the next book would be about.
우리 부모님이 내가 어릴 때 독서에 대한 애정을 서서히 불어넣었다.	My parents **instilled** a love of reading in me at a young age.
그때가 독서에 대한 나의 그치지 않는 열정이 불붙는 순간이었다.	It was the moment my **undying passion** for reading **was ignited**.

롤플레이 상황　책을 환불하는 것에 대해 대안을 제시할 때

제가 이미 이 책을 읽었던 것으로 밝혀졌어요.	It **turned out** that I already read this book.
이걸 다른 무언가로 교환할 수 있는 방법을 아시나요?	**Do you know of a way** to exchange this for something else?
혹시 제게 환불해 주실 수 있나요?	**Could you possibly** give me a refund?
다시 생각해 보니, 저는 이걸 별로 읽고 싶지 않아요.	**On second thought**, I don't really want to read this.
책을 읽다가 저는 찢긴 몇몇 페이지들을 발견했어요.	While reading the book I **ran across** a few pages that were ripped.
저는 당신의 가게가 이 책의 문제에 대한 보상을 해줘야 한다고 생각해요.	I feel your store should **make amends for** the problems with this book.

UNIT 19 농구 · 야구 · 축구

OPIc 답변에 사용되는 다양한 아래 예문들을 통해 답변 아이디어를 얻고 유용한 표현을 익힐 수 있다.

농구 · 야구 · 축구 관련 경험

나는 경기를 승리로 이끈 점수를 득점했다.	I scored the game-winning point.
우리의 패배는 우리를 무너뜨렸다.	Our loss crushed us.
비가 와서 경기는 중단되었다.	Rain brought the game to a halt.
두 팀은 격심한 라이벌이다.	The two teams had an intense rivalry.
그 팀은 질 것 같은 팀으로 여겨졌다.	The team was considered to be an underdog.
공이 내 머리에 맞았고, 나는 기절해서 의식을 잃었다.	The ball hit my head and knocked me out cold.
두 팀 모두 이전에 두 번씩 이겼고, 이번 경기는 동점 결승전이었다.	Both teams had won twice before, and this match was the tiebreaker.
경기는 마지막 순간에 이르렀다.	The game came down to the final seconds.

농구 · 야구 · 축구를 하는 장소

축구장은 100미터가 넘게 펼쳐져 있다.	A soccer field stretches over 100 meters.
그물이 골대에 고정되어 있다.	A net is mounted on the goal posts.
나는 공원 근처의 하프코트에서 농구를 한다.	I shoot hoops on a half court near the park.
친구들과 나는 먼지가 날리는 축구장에서 경기를 한다.	My friends and I play on a dusty soccer field.
야구장은 다이아몬드 모양으로 되어 있다.	A baseball field is in the shape of a diamond.
외야는 벽이나 울타리로 둘러져 있다.	The outfield is bounded by a wall or fence.

농구·야구·축구를 하는 방법

각 팀은 9명으로 이루어져 있다.	Each team is made up of nine players.
골키퍼를 제외한 누구도 손으로 공을 만질 수 없다.	No one but the goalkeeper can touch the ball with his hands.
선수들은 이쪽저쪽으로 공을 패스한다.	Players pass the ball back and forth.
주자는 도루를 시도할 수 있다.	Runners can try to steal bases.
코치는 가끔 경기 도중에 타임아웃을 부른다.	Coaches sometimes call a timeout during game.
일반적인 야구 경기는 9회까지 지속된다.	A typical baseball game lasts nine innings.
심판은 선수에게 옐로카드를 들어서 경고한다.	A referee warns a player by holding up a yellow card.
팀은 돌아가며 타자가 된다.	The teams take turns being at bat.

롤플레이 상황 | 예약한 경기장을 다른 사람들이 쓰고 있어서 관리인에게 전화로 질문할 때

경기장이 이중 예약된 것 같이 보입니다.	It seems the court was double booked.
저는 오늘 아침에 확실히 예약을 확인했어요.	I made sure to confirm the reservation this morning.
그들이 경기장을 사용할 수 있는 다른 시간을 따로 확보해주실 수 있나요?	Could you set aside another time for them to use the field?
코트가 한 번에 두 경기를 할 정도로 충분히 크지 않습니다.	The court isn't big enough for two games at once.
저는 일정이 빡빡해서 기다릴 여유가 없어요.	I'm on a tight schedule and can't afford to wait.
그들은 부담 없이 저희 경기에 함께할 수 있어요.	They can feel free to join our game.

UNIT 20 요가·헬스

OPIc 답변에 사용되는 다양한 아래 예문들을 통해 답변 아이디어를 얻고 유용한 표현을 익힐 수 있다.

요가·헬스 관련 경험

나는 좀 더 규칙적으로 운동을 시작하기 전에 몸 상태가 좋지 않았다.	I was out of shape before I started exercising more regularly.
나는 매우 단시간에 요가를 좋아하게 됐다.	I warmed up to yoga very quickly.
많은 훈련 끝에, 나는 체중 감량에 서서히 진척을 보였다.	After a lot of training, I made headway with my weight loss.
러닝머신에서 달리기는 내 에너지를 바닥냈다.	Running on the treadmill had drained my energy.
결과를 보려면 내가 버텨야 함을 알고 있었다.	I knew I'd have to hang in there to see results.
나는 헬스장 회원이 된 후로 몸 상태가 좋아졌다.	I've been in good shape since getting a gym membership.

요가·헬스를 시작한 계기

동료가 헬스장을 다니도록 날 설득했다.	A coworker talked me into going to the gym.
내 친구 중 한 명이 날 요가에 흥미를 갖게 만들었다.	One of my friends turned me on to yoga.
우리 형이 나를 헬스장으로 데려가서 요령을 알려줬다.	My brother took me to his gym to show me the ropes.
우리 집에서 운동은 당연한 일이다.	In my family, exercising is par for the course.
나는 더 건강한 라이프스타일을 촉진하기 위해 운동을 시작했다.	I began exercising to kick-start a healthier lifestyle.
나는 처음으로 12월에 요가를 한번 해봤다.	I first gave yoga a go in December.

요가 수업·헬스장에서 하는 활동

나는 헬스장에서 운동하는 것을 좋아한다.	I like to **hit the weights** at my fitness center.
일주일에 한 번 나는 요가 강좌에 참여한다.	Once per week, I **take part in** a yoga course.
내 개인 트레이너는 일대일 강습을 해준다.	My personal trainer gives me **one-on-one instruction**.
나는 보통 운동 기구에 전념한다.	I typically **stick to** fitness machines.
나의 헬스장 루틴은 그날그날 바뀐다.	My gym routine changes **from day to day**.
매일 나는 새로운 근육군에 중점을 둔다.	Every day, I **focus on** a new muscle group.
종종 나는 온탕에서 휴식을 취한다.	**Time and again**, I relax in the hot pool.
나는 날마다 더 많은 무게를 들기 위해 나 자신을 몰아붙인다.	I **push myself** to lift more weights every day.

롤플레이 상황   요가 수업·헬스장에 등록하려고 담당 직원에게 질문할 때

시설 구경 일정을 잡아주실 수 있나요?	Can you **arrange a tour** of the facility?
어떤 요가 수업이 초보자들에게 맞춰져 있나요?	Which yoga class **caters to** beginners?
수업이 빨리 마감되는 편인가요?	Do your classes tend to **fill up** quickly?
무료 체험 멤버십을 제공하나요?	Do you offer **a free trial membership**?
몇 명의 요가 강사를 직원으로 두고 계신가요?	How many yoga instructors do you have **on staff**?
어떤 패키지가 가격 대비 최고인가요?	Which package has **the most bang for the buck**?

UNIT 21 수영

OPIc 답변에 사용되는 다양한 아래 예문들을 통해 답변 아이디어를 얻고 유용한 표현을 익힐 수 있다.

수영장

수영 강습용 풀장은 1미터 깊이보다 얕다.	The pool for swimming lessons is **less than a meter deep**.
안전요원은 수영장 옆쪽에 있는 자신이 맡은 자리에 서 있는다.	A lifeguard stands **at his post** by the side of the pool.
동네 체육관에는 그냥 별로 좋지는 않은 수영장이 있지만, 적어도 요금은 저렴하다.	There's just **an ordinary** pool at the local gym, but at least its rates are low.
어린이 수영장은 아이들과 그 엄마들로 붐빈다.	The children's pool is **crowded with** kids and their mothers.
수영장 바로 옆에 엄마들을 위한 관람석 구역이 있다.	There's **a spectator area** for mothers right by the pool.
시설은 수건과 다른 편의용품들을 제공한다.	The facility provides towels and other **amenities**.

수영장에서 하는 활동

나는 사물함을 빌려 개인용품과 귀중품들을 보관한다.	I **rent a locker** to store my personal items and valuables.
나는 영법을 더 발전시키기 위해 수영장을 이용한다.	I use the swimming pool to **improve my strokes**.
나는 수영장에 들어가기 전에 항상 5분 동안 스트레칭을 한다.	I always **stretch for five minutes** before entering the pool.
가벼운 수영을 한 후에 나는 테크닉을 연습한다.	After **a warm-up swim**, I work on my technique.
나는 수건, 수영모, 수경을 챙긴다.	I pack a towel, **a swim cap**, and **goggles**.

수영장에서 겪은 경험

처음으로 수영장에 들어갔을 때, 나는 맥주병이었다.	When I first entered the pool, I **sank like a rock**.
나는 수영장 옆에 젖은 바닥에서 **발을 헛디뎌 넘어졌다.**	I **lost my footing and slipped** on the wet floor by the pool.
나는 깊은 곳에서 수영할 준비가 되었다고 생각했다.	I thought I was ready to swim in **the deep end**.
나는 수영을 잘하지 못했기 때문에 개헤엄을 쳤다.	I couldn't swim well, so I did **the dog paddle**.
한 친구가 나를 안전한 곳으로 끌어당겼고, 나는 삼켰던 물을 기침을 하며 토해냈다.	A friend **pulled** me **to safety**, and I coughed out the water I'd swallowed.
수영 선생님은 내가 어디로 가고 있는지 볼 수 있도록 눈을 뜨고 있으라고 말했다.	My swim coach told me to **keep my eyes open** so I could see where I was going.

롤플레이 상황 수영장에 등록하려고 담당 직원에게 질문할 때

저는 시설에 대해 알아보려고 전화 드립니다.	I'm **calling about** your swimming facilities.
무엇보다도, 수영장이 모든 사람에게 개방된 것인지 궁금합니다.	First of all, I'd like to know if the pool is **open to everyone**.
수영장 사용료는 어떻게 되나요?	How much do you **charge to use the pool**?
그다음으로 저는 수영장 운영시간에 대해 알고 싶습니다.	Next, I'd like to know about the **pool hours**.
수영장이 밤에도 여나요, 아니면 주간에만 여나요?	Is the pool open at night or **only during the day**?
마지막으로, 수건을 제공하나요, 아니면 제 것을 가져가야 하나요?	Finally, do you provide towels or should I **bring my own**?

UNIT 22 자전거

OPIc 답변에 사용되는 다양한 아래 예문들을 통해 답변 아이디어를 얻고 유용한 표현을 익힐 수 있다.

▌나의 자전거

내 자전거는 새것이다.	My bicycle is **brand new**.
나는 최근에 산악자전거를 구입했다.	I recently purchased **a mountain bike**.
나는 중고 자전거를 샀다.	I bought a **secondhand** bike.
나는 안장을 좀 더 편안한 것으로 교체했다.	I replaced the seat with a more **comfy** one.
내 자전거는 밝은 색상이라 쉽게 알아볼 수 있다.	My bike is easy to **pick out** because it is brightly colored.
나는 10단 변속 자전거를 갖고 있다.	I have a **ten-speed** bike.

▌자전거 타는 장소

나는 보통 주말에 공원으로 향한다.	I usually **head for** the park on the weekend.
우리 동네의 도로에는 자전거 전용 차선이 있다.	The streets in my town have **designated bike lanes**.
우리 동네에 있는 도로는 팬 웅덩이들이 많이 있다.	The streets in my neighborhood have a lot of **potholes**.
나는 강을 따라 자전거를 타면서 경치를 구경하는 것을 좋아한다.	I like to ride along the river and **take in** the scenery.
그 지역에 있는 오르막길은 나를 지치게 한다.	The hilly roads in the area **wear me out**.
나는 우리 집 길 아래로 나 있는 공원에서 탄다.	I ride in the park **down the road** from my house.
자전거 길은 이른 아침에는 사람이 없다.	The bike trails are **deserted** early in the morning.

자전거 관련 경험

나는 자전거에서 떨어졌을 때 손목을 삐었다.	I **sprained my wrist** when I fell off my bike.
나는 붐비는 길에서 자전거 중심을 잃었다.	I **lost control** of my bike on a busy street.
나는 도로공사 때문에 우회로를 타야 했다.	I had to **take an alternate route** because of road construction.
내가 잘못된 길로 가고 있다는 것을 깨달았을 때 나는 갔던 길로 되돌아왔다.	I **doubled back** when I realized I was going the wrong way.
나는 행인을 피하려고 갑자기 방향을 틀었다.	I **swerved** suddenly to avoid a pedestrian.
출근하는 길에 넘어져서 무릎을 다쳤다.	I **wiped out** on my way to work and hurt my knee.

롤플레이 상황   친구에게 자전거를 빌려달라고 부탁할 때

네가 내 부탁을 들어 주면 좋겠어.	I was hoping you could **do me a favor**.
내 자전거가 지금 고장 나서 쓰질 못해.	My bike is **out of commission** right now.
너무 급히 요청하는 것이란 걸 알고 있지만, 그래도 부탁해야 할 것 같아.	I realize **it is short notice**, but I have to ask.
네 자전거를 내 것처럼 다룰게.	I'll **treat** your bike **like it was my own**.
내가 집에 가는 길에 가져갈 수 있어	I can **pick it up** on my way home.
되도록 빨리 너에게 돌려줄게.	I'll **get it back to you** as soon as possible.

UNIT 23 국내 · 해외여행

OPIc 답변에 사용되는 다양한 아래 예문들을 통해 답변 아이디어를 얻고 유용한 표현을 익힐 수 있다.

여행지

파리에는 흥미로운 곳이 끝도 없다.	**There is no end** to the interesting sites in Paris.
타지마할은 인도 여행객들이 꼭 봐야 하는 것이다.	The Taj Mahal is **a must-see** for travelers in India.
애틀랜타에는 눈에 보이는 것 이상의 것이 있다.	There is **more to** Atlanta **than meets the eye**.
플로리다의 해변은 타의 추종을 불허한다.	The beaches of Florida are **second to none**.
베네치아에 있는 건축물의 아름다움은 말로 표현할 수 없다.	The beauty of the architecture in Venice is **beyond words**.
날씨가 허락한다면 넌 그 섬을 볼 수 있다.	**Weather permitting**, you can see the island.
크레모나는 인적이 드문 곳에 있지만 나는 그곳이 좋았다.	Cremona is **off the beaten path**, but I liked it.

여행 관련 경험

난 시애틀행의 비행기에서 매우 좋은 사람을 만났다.	I met a very nice man on a plane **bound for** Seattle.
여행 내내 비가 억수같이 쏟아졌다.	It **rained cats and dogs** during the entire trip.
길을 잃은 것을 깨닫고, 나는 스트레스를 받기 시작했다.	Realizing I was lost, I began to **stress out**.
다행히도, 한국말을 하는 사람을 찾았다.	**As luck would have it**, I found someone who spoke Korean.
나는 여권을 잃어버렸고, 그것은 웃을 일이 아니었다.	I lost my passport, which was **no laughing matter**.
하루의 대부분을 지역 시장에서 쇼핑하는 데 썼다.	We spent **the better part of a day** shopping in local markets.

여행을 준비할 때 하는 활동

어떤 것도 잊고 두고 가지 않도록 짐을 재확인해라.	**Double-check** your luggage so that you don't forget anything.
인터넷으로 비행기를 예약하는 것은 매우 편리하다.	**Booking a flight** online is very convenient.
네가 여권이 필요하면, 훨씬 전에 신청해야 한다.	If you need a passport, you must apply for it **well in advance**.
네가 미리 계획한다면, 넌 비행기 표를 거저나 마찬가지로 구할 수 있다.	If you plan ahead, you can get flights for **next to nothing**.
안전하게 하기 위해, 나는 네가 여행자 보험을 사는 것이 더 낫다고 생각한다.	To be safe, I think you're better off buying **travel insurance**.
여행의 세부 사항을 다 계획하는 대신, 가끔 그냥 즉흥적으로 하는 것이 재미있다.	Instead of planning every detail of the trip, sometimes it's fun to **wing it**.
해외에 가기 전, 나는 내 영어 실력을 되살린다.	Before I go abroad, I **brush up on** my English skills.

롤플레이 상황	여행 상품을 예약하려고 여행사 직원에게 질문할 때
해변에 있는 호텔을 싸게 구할 수 있을까요?	Can I get a hotel at the beach for **cheap**?
제가 여행을 취소해야 하면 어쩌죠?	What if I need to **call off** the trip?
귀사에 예산이 한정된 사람들을 위한 여행도 있나요?	Do you have any trips for people **on a budget**?
귀사의 현재 특별 상품들을 저와 함께 검토해 주실 수 있나요?	Could you **go over** your current travel specials with me?
제가 오늘 들러서 당신과 제 여행에 대해 논의할 수 있을까요?	Can I **drop by** today and discuss my trip with you?

UNIT 24 국내 · 해외 출장

OPIc 답변에 사용되는 다양한 아래 예문들을 통해 답변 아이디어를 얻고 유용한 표현을 익힐 수 있다.

출장지

호텔은 영화에서 튀어나온 것처럼 보였다.	The hotel looked like it was **out of a movie**.
길거리의 소음이 밤에는 잦아들었다.	The noise on the streets **died down** at night.
회의실은 내가 익숙한 것과는 전혀 달랐다.	The meeting room was **a far cry from** what I'm used to.
내 호텔 방은 먼지 하나 없이 깨끗했다.	My hotel room was **clean as a whistle**.
그들이 나를 태우고 간 차는 완전 새것이나 다름없었다.	The car they picked me up in was **in mint condition**.
도시의 혼잡은 견딜 수 없을 정도였다.	The **hustle and bustle** of the city was overwhelming.

출장 관련 경험

한 출장에서 먼 친척을 방문하고자 잠깐 들렀다.	I **dropped in** to visit a distant relative on one trip.
나는 부족한 영어로 그럭저럭 해나갈 수 있었다.	I was able to **get by** with my limited English.
고객은 우리의 제안을 심사숙고하기를 원했다.	The client wanted to **think over** our proposal.
나는 그들이 우리의 제안을 거절했다는 데 충격을 받았다.	I was shocked that they **turned down** our offer.
고객은 프로젝트에 대한 우려를 제기했다.	The client **brought up** his concerns about the project.
출장 마지막쯤에 협상이 결렬되었다.	The negotiations **fell through** towards the end of the trip.
우리는 계약의 모든 세부 사항을 바로잡았다.	We **ironed out** all of the contract details.

출장을 가서 하는 활동

나는 사람들에게 좋은 인상을 주려고 최선을 다한다.	I do my best to **make a** good **impression on** people.
나는 내 여행 경비를 다 쓰는 경향이 있다.	I tend to **use up** all of my trip allowance.
나는 가능하면 호텔에서 늦게 체크아웃하길 좋아한다.	I like to **check out** of the hotel late when possible.
나는 매회의 전에 메모를 훑어보려고 한다.	I try to **run through** my notes before each meeting.
나는 호텔 헬스장에서 운동한다.	I **work out** in the hotel exercise room.
나는 가능한 한 많은 지역 음식점에서 외식한다.	I **eat out** at as many local restaurants as I can.
나는 내가 출장 중일 때 관광할 시간을 내려고 한다.	I try to **make time** for sightseeing when I'm on a business trip.

롤플레이 상황 | 출장 중 항공편이 지연되어서 동료에게 대안을 제시할 때

비행기가 지연되어서 제가 2시간 늦을 예정이에요.	**My flight got delayed**, so I'm going to be two hours late.
모든 참가자들에게 전화를 걸어 미팅을 연기할 수도 있어요.	We could call all the participants and **postpone** the meeting.
만약 그게 안 된다면, 당신이 저 없이 미팅을 시작해주실 수 있을까요?	If that's **not a possibility**, then could you please start the meeting without me?
갑자기라는 것은 잘 알지만, 비행기 지연은 어쩔 수 없는 일이었어요.	I know it's **short notice**, but the flight delay was unavoidable.
이 옵션이 마음에 든다면, 지금 정보를 당신에게 이메일로 보낼 수 있어요.	If you like this option, I can **email** you some **info** now.
어떤 것이 가능한지 저에게 알려주시고, 제때 가지 못해서 정말 미안해요.	Please let me know what's possible, and I'm sorry I can't make it **on time**.

UNIT 25 집에서 보내는 휴가

OPIc 답변에 사용되는 다양한 아래 예문들을 통해 답변 아이디어를 얻고 유용한 표현을 익힐 수 있다.

집에서 보내는 휴가의 장단점

쉬고 싶을 때 집만 한 곳은 없다.	**There's no place like home** when you want to relax.
해외여행을 계획하는 것은 매우 짜증 나는 일이 될 수 있다.	Planning vacations abroad can be a real **drag.**
휴가 동안 집에서 휴식을 취하는 것보다 더 나은 것은 없다.	**Nothing beats** relaxing at home during vacations.
지루해진다는 것이 집에서 보내는 휴가의 결점이 될 수 있다.	Getting bored can be **a drawback** of staying home.
어떤 사람들은 여행을 전혀 가지 않으면 머리가 살짝 돈다.	Some people **go stir-crazy** if they don't take any trips.
집에 틀어박혀 있는 것은 별로 즐겁지 않다.	**Being cooped up** in your house isn't very fun.
휴가에 관한 한, 각자 취향이 다르다.	When it comes to vacations, **to each his own**.
집에서 휴가를 보냄으로써 많은 돈을 아낄 수 있다.	You can **save plenty of money** by vacationing at home.

집에서 보내는 휴가 관련 경험

한번은 우리 집에서 저녁 파티를 열었다.	One time, I **threw a** dinner **party** at my house.
내 일정은 그날그날 바뀌었다.	My schedule varied **from day to day**.
지난번 휴가 동안 나는 비디오 게임을 하면서 아주 즐거운 한때를 보냈다.	During my last vacation, I **had a blast** playing video games.
그것은 주로 저녁 파티 덕분에 기억에 남았다.	It was memorable **in large part** due to the dinner party.
나는 휴가 내내 가만히 앉아 TV만 보았다.	I was **a couch potato** throughout the vacation.
나는 내내 새처럼 자유로웠다.	I was **as free as a bird** the entire time.

집에서 휴가를 보낼 때 하는 활동

보통, 나는 혼자 긴장을 푼다.	Usually, I **chill out** by myself.
나는 매일 아침 늦잠을 잔다.	I **sleep in** every morning.
나는 종종 동네의 새로운 음식점을 시험 삼아 가본다.	I often **try out** a new local restaurant.
나는 발을 올리고 TV를 본다.	I **put my feet up** and watch television.
대부분의 경우 나는 좋은 책 속으로 파고든다.	Most of the time, I **dive into** a good book.
나는 친구들을 내 아파트로 초대한다.	I **invite** my friends **over** to my apartment.
나는 좋은 영화를 보는 것으로 나 자신에게 한턱 내기를 좋아한다.	I like to **treat myself** by seeing a good movie.
나는 일과를 미루고 휴식을 취한다.	I **put off** my chores and get some rest.
나는 시간을 그때그때 되는 대로 하며 보낸다.	I **play** my days **by ear**.
나는 친구들과 시간을 보낸다.	I **hang out** with my friends.

롤플레이 상황 면접관에게 집에서 보내는 휴가에 대해 질문할 때	
당신이 시간을 보내기 가장 좋아하는 방법은 무엇인가요?	What is your favorite way to **pass the time**?
당신은 어떤 활동에 관심이 있나요?	Which activities **are you interested in**?
당신은 충동적으로 일을 하나요?	Do you do things **on a whim**?
굉장히 지루해졌던 적이 있었나요?	Have you ever gotten **incredibly bored**?
한가한 시간을 어떻게 잘 활용하나요?	How do you make good use of your **downtime**?
재미로는 무엇을 하나요?	What do you do **for fun**?

UNIT 01 집안일 거들기

OPIc 답변에 사용되는 다양한 아래 예문들을 통해 답변 아이디어를 얻고 유용한 표현을 익힐 수 있다.

▌집안일로 하는 활동

나는 옷을 보관하기 전에 다림질한다.	I iron my clothes before putting them away.
나는 그 밑을 진공청소기로 청소하기 위해 소파 쿠션을 들어 올렸다.	I lifted up the sofa cushions to vacuum underneath.
나는 집 안 구석구석 먼지를 턴다.	I dust my house from top to bottom.
나는 쓰레기를 밖으로 내가서 재활용 쓰레기통에 던져 넣는다.	I take the garbage outside and toss it in the recycling bin.
나는 더러운 세탁물을 바구니에 던져 넣는다.	I throw the dirty laundry into a basket.
나는 시트를 매트리스 밑으로 밀어 넣는다.	I tuck the sheets under the mattress.

▌집안일에 대한 내 생각

나는 물건을 엉망으로 어질러 놓는 것을 못 참는다.	I can't stand leaving things all messy.
화장실 청소는 항상 벌처럼 느껴진다.	Cleaning the bathroom always feels like a punishment.
청소와 관련된 모든 것은 나에게 있어 그저 몹시 재미없게 느껴진다.	Everything about cleaning just seems deathly dull to me.
나는 사실 먼지를 털면서 집안 이곳저곳을 돌아다니는 것을 좋아한다.	I actually like wandering around the house doing the dusting.
나는 모든 것이 아주 깨끗할 때 드는 기분을 좋아한다.	I like the feeling I get when everything is squeaky clean.
나는 엄마가 나에게 집안일을 시키려고 하실 때마다 핑계를 대곤 했다.	I used to make up excuses whenever my mother tried to get me to do chores.
나는 자기 몫의 집안일을 하지 않는 사람들을 무시하는 것을 인정한다.	I admit to looking down on people who don't do their share of the chores.

집안일 관련 경험

끝낸 후에 용돈을 받는 것은 항상 좋았다.	It was always nice to get my **pocket money** after finishing.
나는 모인 먼지의 양에 충격을 받았다.	**I was taken aback by** the amount of dust that had gathered.
처음으로 나 혼자 집 안을 청소했을 때 나는 큰 자부심을 느꼈다.	The first time I cleaned the house by myself, I **felt a great sense of pride**.
접시는 내 손에서 미끄러져 바닥에 산산조각이 나며 박살 났다.	The dish slipped out of my hands and **smashed into pieces** on the floor.
식물에 물을 주려는 우리의 시도는 보통 물싸움으로 대신 변했다.	Our attempts to water the plants usually **turned into** water fights instead.
나는 정말 혐오스러운 것은 항상 남동생보고 하라고 시켰다.	I would always make my brother do the really **disgusting stuff**.

롤플레이 상황 면접관이 하는 집안일에 대해 질문할 때

가장 즐기는 집안일이 무엇이라고 하시겠습니까?	**What would you say** is the most enjoyable chore?
하루 중 집안일을 하기 선호하시는 시간이 언제입니까?	What time of day do you **prefer to do** your household work?
집안일을 끝낸 후에 어떻게 휴식을 취하시나요?	How do you **relax after** finishing your chores?
집안일의 속도를 내기 위해 어떤 요령을 사용하나요?	What tricks do you use to **speed up** the chores?
어떤 집안일을 가장 꺼립니까?	Which chore do you **dread** the most?
만약 있다면, 집안일을 누구와 나누나요?	Who do you **split** the chores **with**, if anyone?

UNIT 02 외식 · 음식

OPIc 답변에 사용되는 다양한 아래 예문들을 통해 답변 아이디어를 얻고 유용한 표현을 익힐 수 있다.

자주 가는 식당

그곳은 해산물로 가장 잘 알려져 있다.	It's **best known for** its seafood.
음식점의 아늑한 분위기가 집 같이 편안한 느낌을 준다.	The restaurant's cozy atmosphere gives it **a feeling of home**.
그 음식점은 주말에 보통 사람들로 꽉 찬다.	The restaurant usually **packs in a crowd** on weekends.
그 음식점은 시내에서 가장 맛있는 버거를 내놓는다.	That restaurant **serves up** the best burgers in town.
카페가 처음 열었을 때, 줄이 블록을 돌아서까지 있었다.	When the café first opened, there were **lines around the block**.
음식점의 종업원들이 항상 일을 잘한다.	The waitstaff at the restaurant are always **on the ball**.

음식의 특징

레드와인 한 잔이 이 음식과 잘 어울린다.	A glass of red wine **goes well with** this meal.
그 음식은 딱 내가 좋아하는 대로 요리되었다.	The dish was done **just the way I like it**.
치킨과 맥주는 천생연분이다.	Fried chicken and beer is **a match made in heaven**.
이곳의 음식은 명성에 부응한다.	The food here **lives up to** its reputation.
몇몇 음식은 너무 매워서 혀에 불이 나게 한다.	Some dishes are so hot they **set your tongue on fire**.
내 스테이크는 딱 맞게 구워졌다.	My steak was cooked **to a T**.
나는 특정 음식들은 못 먹는다.	I can't **stomach** certain dishes.

외식 관련 경험

나는 졸업식 후에 가족들과 외식한 것을 기억한다.	I remember going out to eat with my family after graduation.
모든 직원들이 테이블로 와서 내게 "생일 축하합니다"를 불러주었다.	All of the waiters and waitresses came over to the table to sing me "Happy Birthday".
우리는 보이는 것은 죄다 먹었다.	We ate everything in sight.
나는 식당 맞은 편에 앉아 있는 어린 시절 친구를 보았다.	I saw a childhood friend sitting across the dining room.
내 친구는 몸매 관리를 하는 중이라 조금밖에 안 먹었다.	My friend ate like a bird because she is watching her figure.
어느 날 나는 길거리 음식을 폭식하기로 결심했다.	One day, I decided to go on a street food binge.
더 먹고 싶었지만 나는 잔뜩 먹은 상태였다.	I would have eaten more, but I was stuffed.

롤플레이 상황   음식점에 예약하려고 직원에게 질문할 때

목요일 저녁 8시에 예약 가능한 자리가 있나요?	Do you have any tables available for Thursday at 8 p.m.?
4명 저녁 식사 예약을 할 수 있을까요?	Could I make a dinner reservation for four, please?
토요일 밤에 많이 붐비나요?	Does it get very crowded on Saturday nights?
입구 쪽에 주차할 수 있나요?	Is there parking available out front?
제가 예약할 수 있는 가장 빠른 때가 언제죠?	When's the earliest I can make a reservation?

UNIT 03 인터넷 서핑

OPIc 답변에 사용되는 다양한 아래 예문들을 통해 답변 아이디어를 얻고 유용한 표현을 익힐 수 있다.

자주 가는 웹사이트

그 사이트는 24시간 내내 업데이트된다.	The website is updated around the clock.
그들에게는 유용한 검색 도구가 있다.	They have a useful search tool.
그 새로운 웹사이트는 매우 모바일 친화적이다.	The new website is very mobile-friendly.
그들 중 다수는 광고로 가득 들어차 있다.	Many of them are loaded with advertisements.
당신을 다른 사이트로 연결해 준다.	They link you to different websites.
인터넷에서 가장 많은 조회수를 기록했다.	It had the most hits on the Internet.

과거와 현재의 인터넷 변화

어디에서나 인터넷에 접속하는 것이 가능하다.	It's possible to access the Internet from anywhere.
파일을 올리거나 다운받기 훨씬 더 빠르다.	It's much faster to upload or download files.
오늘날의 웹사이트는 대체로 과거의 것보다 낫다.	Today's websites are, by and large, better than those of the past.
요즘, 사이트는 순식간에 로딩된다.	These days, sites load in a flash.
이제는 대부분의 문서를 인터넷에 저장할 수 있다.	Now you can store most of your documents online.
이전 어느 때보다도 더 많은 웹사이트가 있다.	There are more websites than ever before.
이제는 더 많은 팝업 광고를 참아야 한다.	You have to put up with more pop-up ads now.
현재의 인터넷과 과거의 인터넷이 어땠는지 사이에는 낮과 밤처럼 완연한 차이가 있다.	There is a night-and-day difference between the Internet now and how it was back then.

인터넷을 할 때 하는 활동

나는 내 웹사이트에 사진을 올린다.	I upload my photographs to my website.
나는 인터넷 쇼핑으로 대부분의 옷을 산다.	I buy most of my clothes through online shopping.
나는 은행 업무를 대부분 인터넷으로 본다.	I do most of my banking online.
나는 개인적인 블로그를 쓴다.	I write a personal blog.
나는 인터넷으로 모든 뉴스를 알아낸다.	I catch up on all my news online.
나는 먹어 볼 음식점을 고르기 위해 레스토랑 리뷰를 찾는다.	I search for restaurant reviews so I can pick a restaurant to try out.
나는 내 삶에 일어나고 있는 일을 공유한다.	I share what goes on in my life.

롤플레이 상황 면접관의 인터넷 서핑 습관에 대해 질문할 때

하루 중 언제 인터넷을 검색하나요?	During what times of day do you browse the Internet?
하루 중 몇 시간이나 인터넷을 하는 데 쓰나요?	How many hours per day do you spend online?
당신이 가장 좋아하는 검색엔진은 무엇인가요?	What is your favorite search engine?
어디에서 주로 인터넷에 접속하나요?	Where do you usually go online?
얼마나 자주 인터넷으로 구매를 하나요?	How often do you make online purchases?
어떤 종류의 정보를 찾아보나요?	What kind of information do you look up?
인터넷 서핑을 하는 것이 일을 위해서인가요 아니면 재미로 하는 건가요?	Do you use the Internet for work or pleasure?

UNIT 04 명절

OPIc 답변에 사용되는 다양한 아래 예문들을 통해 답변 아이디어를 얻고 유용한 표현을 익힐 수 있다.

우리나라의 명절

현충일은 6월 6일에 기념된다.	Korean Memorial Day is celebrated on June 6.
어린이날은 어버이날이 부모님을 기리는 것과 같은 방법으로 어린이들을 존중하는 날이다.	Children's Day honors children in the same way that Mother's Day and Father's Day honor parents.
그날은 나라를 위해 목숨을 희생한 사람들을 기념한다.	It commemorates the men and women who sacrificed their lives for the country.
그날은 한국 자모의 발명과 선포를 기념하는 국경일이다.	It's a national holiday to mark the invention and proclamation of the Korean alphabet.
7월 17에 지내는 제헌절은 1948년에 한국의 헌법이 공포된 날을 기념한다.	Constitution Day, which is observed on July 17, commemorates the day that the Korean Constitution was proclaimed in 1948.

명절에 하는 활동

사람들은 새해에 대한 각오를 세운다.	People make their New Year's resolutions.
아이들은 어른들에게 절을 한다.	The kids bow to their elders.
온 가족이 한 집에서 자고 간다.	The whole family sleeps over at one house.
우리는 조상들의 묘를 청소한다.	We clean up the graves of our ancestors.
우리는 좋은 곳에서 저녁 외식을 한다.	We go out for dinner somewhere nice.
어른들은 중요한 가족 문제에 대해 이야기를 나눈다.	The adults talk over important family matters.
우리는 제사를 지내기 위해 모인다.	We gather to perform ancestral rituals.
온 가족이 요리하는 것에 협력한다.	Our whole family pitches in to help prepare meals.

명절 관련 경험

크리스마스 아침에 내 꿈이 이루어졌다.	My dreams came true on Christmas morning.
나는 행복한 기억을 가지고 그 명절을 되돌아본다.	I look back on that holiday with happy memories.
내가 할머니를 본 것은 그때가 마지막이었다.	It was the last time I saw my grandmother.
나는 축하할 기분이 나지 않았다.	I didn't feel up to celebrating.
우리는 음식 준비를 마치려고 시각을 다투어 일하고 있었다.	We were working against the clock to get the food ready.
나는 크리스마스 조명의 아름다움을 잊을 수 없었다.	I couldn't get over the beauty of the Christmas lights.
우리는 며칠 동안 맛있는 음식을 마음껏 먹었다.	We indulged in delicious food for several days.
나는 친척 어른들께 절을 하고 받은 세뱃돈으로 돈을 꽤 벌었다.	I made a small fortune from the cash gifts I received for bowing to adult relatives.

롤플레이 상황 | 면접관에게 미국의 명절에 대해 질문할 때

어떤 명절이 가장 기다려지나요?	Which holiday do you look forward to the most?
가족과 함께 보내는 시간을 갖는 것을 즐기시나요?	Do you enjoy having family time?
당신은 보통 명절 동안 살이 찌나요?	Do you usually put on weight over the holidays?
미국 추수감사절의 숨은 역사적인 배경은 무엇인가요?	What is the history behind American Thanksgiving?
어디서 주로 명절을 보내시나요?	Where do you usually spend the holidays?
명절에 조금이라도 휴식 시간을 갖나요?	Do you get any down time during the holidays?

UNIT 05 교통수단

OPlc 답변에 사용되는 다양한 아래 예문들을 통해 답변 아이디어를 얻고 유용한 표현을 익힐 수 있다.

우리나라의 대중교통

교통카드나 핸드폰이 요금을 내는 데 내가 필요한 전부다.	A transit card or mobile phone is all I need to pay the fare.
출퇴근 시간에는, 지하철에 서 있을 만한 공간조차 거의 없다.	During rush hour, there is hardly any room to stand in the subway.
나는 그것의 스피드와 효율성에 감사하다.	I'm grateful for its speed and efficiency.
버스는 사실상 시내 어디라도 데려가 줄 수 있다.	The buses can take you virtually anywhere in the city.
만약 당신이 지역 버스에 서 있다면 꽉 잡아라.	Hold on tight if you're standing in a local bus.
지하철의 단점은 열차 안이 붐비는 것이다.	The downside of the subway is crowding in the train cars.
통근 시간을 줄이고 싶다면, 대중교통을 타라.	If you want to cut your commute time, take public transportation.

과거와 현재의 대중교통 변화

열차에서 밀치고 떠미는 것은 변하지 않았다.	The pushing and shoving on trains hasn't changed.
스마트폰 사용은 사람들이 걷는 속도를 느리게 했다.	Smartphone use has slowed the pace at which people walk.
나는 1회 승차권을 사곤 했었다.	I used to buy a ticket for a single train ride.
대중교통이 시 전체에 제공되지는 않았다.	Public transport didn't serve all of the city.
지난 수년 동안 지하철에 몇 개 노선이 추가되었다.	The subway has added several lines over the years.
취한 승객은 여전히 골칫거리이다.	Drunk passengers on trains continue to be a nuisance.

대중교통 관련 경험

너무 사람이 많아서 열차에서 내릴 수가 없었다.	I couldn't get off the train because it was too crowded.
나는 버스를 타려고 서두르다가 핸드폰을 떨어뜨렸다.	I dropped my phone while rushing to catch the bus.
나는 내가 길을 잃었다는 것을 깨닫고 버스에서 내렸다.	I got off the bus when I realized I was lost.
빈자리를 놓고 승객들과 경쟁하는 스스로를 종종 발견한다.	I often find myself competing with passengers for vacated seats.
나는 다른 승객과 절대 눈을 마주치지 말아야 한다는 것을 배웠다.	I learned never to make eye contact with another passenger.
열차를 타는 것보다 나를 더 빨리 잠들게 하는 것은 없다.	Nothing puts me to sleep faster than riding on a train.

롤플레이 상황 | 면접관이 사는 곳의 교통수단에 대해 질문할 때

기차와 버스 요금을 내는 편리한 방법이 있나요?	Is there a convenient way of paying for train and bus rides?
장거리 이동에 이용할 수 있는 교통수단에는 무엇이 있나요?	What transportation is available for long-distance travel?
기차를 탈 때 제가 부딪힐 수 있는 문제들에는 어떤 것들이 있을까요?	What problems might I encounter when riding a train?
대중교통 운전기사가 영어를 조금이라도 하나요?	Do public transport drivers speak any English?
공항에 가려면 제게 무엇을 타라고 추천하시겠어요?	What would you recommend I take to get to the airport?
당신 나라에서는 택시요금이 엄청나게 비싼가요?	Are taxi fares exorbitant in your country?

UNIT 06 프로젝트

OPIc 답변에 사용되는 다양한 아래 예문들을 통해 답변 아이디어를 얻고 유용한 표현을 익힐 수 있다.

▌내가 맡은 프로젝트

나는 작은 팀을 책임지게 되었다.	I was put in charge of a small team.
내 상관은 내가 월간 보고서를 제출할 것을 기대한다.	My boss expects me to turn in monthly reports.
나는 요즘 진행 중인 수많은 프로젝트가 있다.	I have a number of projects on my plate these days.
내 프로젝트는 매우 엄격한 스케줄을 가진다.	My project has a very strict schedule.
내 매니저는 내게 기회를 주겠다고 말했다.	My manager said he would give me a shot.
그룹 발표는 해내기 어려울 수 있다.	A group presentation can be difficult to pull off.

▌프로젝트를 하는 절차

우린 보통 몇 시간 동안 브레인스토밍을 한다.	We usually brainstorm for a few hours.
나는 팀의 다른 멤버들에게 조언을 구한다.	I ask for input from the other members of my team.
보고서 쓰기에 있어서 나는 세부적인 것에 까다로운 사람이다.	I am a stickler for details when it comes to writing reports.
가장 중요한 것은 예정대로 시작하는 것이다.	The most important thing is to start on schedule.
우리는 우리의 주요 목표를 확인하는 것으로 시작한다.	We begin by identifying our key objectives.
새로운 프로젝트를 시작하기 위해서는 매니저가 우리에게 허가를 해 주어야 한다.	The manager must give us the green light to start a new project.
나는 보고서를 제출하기 전에 재확인한다.	I double-check my report before submitting it.
나는 모든 것을 주의 깊게 검토한다.	I go over everything carefully.

프로젝트 관련 경험

나는 발표하는 것에 대한 두려움을 극복했다.	I **overcame my fear** of public speaking.
프로젝트가 끝나갈 때쯤 일이 무너졌다.	Things **fell apart** towards the end of the project.
우리는 마지막 순간에 새로운 계획을 작성해야 했다.	We had to **draw up** a new plan at the last minute.
우리 팀은 예정보다 일찍 프로젝트를 끝마쳤다.	My team completed its project **ahead of schedule**.
나는 팀장으로부터 많은 압박을 받았다.	I was **under a lot of pressure** from my team leader.
내가 또 하루를 견뎌낼 수 있을지 확신할 수 없었다.	I wasn't sure If I could **survive another day**.
내 성과는 CEO가 나를 주목하게 했다.	My performance **brought** me **to the attention of the CEO**.

롤플레이 상황   새로 전달받은 프로젝트에 대해 관리자에게 질문할 때

제가 누구와 함께 일하게 되나요?	Who will I be **working with**?
언제 일이 마무리되길 기대하세요?	When do you expect things to be **wrapped up**?
저 자신을 증명해 보일 이번 기회에 감사합니다.	I am grateful for this chance to **prove myself**.
필요할 경우 제가 추가로 인력을 요청할 수 있을까요?	Can I request extra **manpower** if I need it?
이 프로젝트가 얼마 동안 계속될까요?	How long will this project **run** for?
제가 마감 기한에 관해 재량대로 할 여지가 있나요?	Do I have any **wiggle room** with regard to the deadline?
이 프로젝트를 시작하기가 매우 기다려집니다.	I can't wait to **get started** on this project.

UNIT 07 날씨 · 계절

OPIc 답변에 사용되는 다양한 아래 예문들을 통해 답변 아이디어를 얻고 유용한 표현을 익힐 수 있다.

우리나라의 날씨 · 계절

기온이 매우 더운 것부터 매우 추운 것까지 다양하다.	The temperature **ranges from** very hot **to** very cold.
한 번에 몇 주 동안 쉬지 않고 비가 내린다.	It rains **nonstop** for weeks at a time.
나는 우리가 뚜렷한 계절을 갖고 있다는 것이 기쁘다.	I'm glad that we have **distinct seasons**.
1월과 2월에, 사람들은 따뜻한 옷을 꺼입는다.	In January and February, people **bundle up** in warm clothes.
4월에는 벚꽃이 활짝 핀다.	Cherry blossoms are **in full bloom** in April.
겨울 내내 공기가 상쾌하다.	The air is **brisk** all winter long.
건조한 겨울 동안 사람들은 가습기로 손을 뻗친다.	People reach for their **humidifiers** during the dry winter.

과거와 현재의 날씨 · 계절 변화

날씨의 변화에 대해 우려가 커지고 있다.	**There is growing concern** about the changes in weather.
매년 먼지가 심해진다.	The dust gets worse **with each passing year**.
내가 어렸을 때 여름은 이렇게 혹독하지 않았다.	Summers were not **as brutal** when I was a kid.
계절은 더 이상 정확하지 않다.	The seasons no longer **run like clockwork**.
공기의 질이 급락했다.	The air quality has really **taken a nosedive**.
기후 변화는 명백히 환경에 큰 피해를 주고 있다.	Climate change is clearly **taking a toll on** the environment.
요즘에는 여름날의 습도가 평소보다 훨씬 높다.	These days, the summertime humidity is **off the charts**.

날씨 관련 경험

우리의 축구 경기에 맞추어 하늘이 개었다.	The skies cleared up in time for our soccer game.
나는 눈을 모두 치우는 데 3시간이 걸렸다.	It took me three hours to clear away all the snow.
네가 믿지 못할 정도로 햇볕으로 인해 화상을 입었다.	I got a sunburn like you wouldn't believe.
나는 밖에 너무 오래 있어서 열사병에 걸렸다.	I got heat stroke from being outside too long.
나는 심각한 동상으로 치료를 받았다.	I was treated for a nasty case of frostbite.
내 친구가 젖은 길에서 미끄러져서 발목을 삐었다.	My friend slipped on the wet pavement and sprained her ankle.
우리는 비를 만나서 속옷까지 다 젖었다.	We got caught in the rain and were soaked to the skin.

날씨·계절에 따른 활동

나는 스포츠를 별로 좋아하지 않아서 그냥 햇볕에서 휴식을 취한다.	I'm not much for sports, so I just relax in the sun.
많은 사람들이 선크림으로 피부를 햇볕으로부터 보호한다.	Many people protect their skin from the sun with sunscreen.
나는 초봄에 인라인스케이트를 꺼내 놓는다.	I break out my inline skates in early spring.
나는 햇볕을 쬐기 좋아한다.	I like to bask in the sunlight.
사람들이 소풍을 하러 공원으로 모여든다.	People flock to parks to have picnics.
스키 리조트에서 내가 슬로프를 빠르게 내려가는 것을 볼 수 있다.	You can find me speeding down the slopes at a ski resort.

UNIT 08 도서관

OPIc 답변에 사용되는 다양한 아래 예문들을 통해 답변 아이디어를 얻고 유용한 표현을 익힐 수 있다.

도서관의 특징

책상들과 의자들이 도서관 책장들 사이에 위치해 있다.	The tables and chairs are located between the library shelves.
그곳은 책을 읽기에 완벽한 분위기를 제공한다.	It provides the perfect ambience for hitting the books.
요즘은 도서관의 읽을거리가 웹사이트에 목록으로 올라와 있다.	Today, the library's reading materials are listed on a website.
이 도서관보다 더 죽은 듯이 조용한 곳은 없다.	No other library is as deathly quiet as this one.
도서관은 학생들을 위해 만들어졌고 개인용 열람석이 있다.	The library was made for students and has small cubicles.

도서관에서 하는 활동

가끔 나는 좋은 책을 끼고 앉아 휴식을 취한다.	Sometimes I just curl up with a good book and relax.
나는 과제를 따라잡기 위해 조용한 공간을 찾는다.	I find a quiet space to play catch up with my assignments.
나는 내가 필요한 것을 찾을 때까지 온라인 데이터베이스를 뒤진다.	I go through the online database until I find what I need.
나는 가끔 내 연구를 끝마치기 위해 늦게까지 있는다.	Sometimes I stay late to finish up my research.
다른 모든 방법이 안 되면, 나는 사서에게 도움을 요청한다.	If all else fails, I ask the librarian for assistance.
나는 주로 로맨스 섹션은 가까이하지 않는다.	I usually steer clear of the romance section.
재미있는 추리 소설과 함께 휴식을 취하는 것은 좋다.	It's nice to chill out with a good mystery novel.

도서관 관련 경험

지난달에, 나는 연체 도서들로 엄청난 벌금을 지게 되었다.	Last month, I **racked up** a huge fine for overdue books.
몇 주 전에, 나는 시험공부를 하던 중 깜박 잠이 들었다.	A few weeks ago, I **dozed off** while studying for an exam.
사서가 나에게 조용히 하라고 말했을 때 나는 전화로 크게 이야기하고 있었다.	I was talking loudly on my phone when the librarian told me to **quiet down**.
나는 내가 가장 좋아하는 작가를 만나서 감격했다.	**I was thrilled** to meet my favorite author.
나는 내 첫 도서관 카드를 신청했다.	**I signed up for** my very first library card.
사서는 내 프로젝트를 도와주기 위해 자신의 임무 이상으로 해주었다.	The librarian **went above and beyond** to help with my project.
나는 대학교 때 오랜 친구와 우연히 마주쳤다.	I **bumped into** an old friend from university.

롤플레이 상황 — 도서관 컴퓨터를 이용하려고 사서에게 질문할 때

제가 컴퓨터실의 절차를 잘 몰라서요.	I'm **not familiar with** the procedure at the computer lab.
제가 컴퓨터를 사용하려면 등록해야 하나요?	Will I need to **sign up** to use a computer?
제가 컴퓨터를 사용할 수 있는 시간제한이 있나요?	Is there **a limit to the amount of time** I can use a computer?
제가 규칙을 어기지 않는지 그냥 확실히 하고 싶어서요.	I just want to make sure that I don't **break the rules**.
비디오 클립을 다운받는 것이 규칙에 반하나요?	Is downloading video clips **against the rules**?

UNIT 09 산업

OPIc 답변에 사용되는 다양한 아래 예문들을 통해 답변 아이디어를 얻고 유용한 표현을 익힐 수 있다.

유망한 산업/회사

그 회사는 강력한 장애물에도 불구하고 성공했다.	The firm succeeded in spite of strong obstacles.
그 회사는 어떤 경쟁도 없이 번창하고 있다.	The company is thriving in the absence of any competition.
매출은 장기적으로 볼 때 오를 것 같다.	Sales will likely increase in the long run.
새로운 관리자가 회사를 호전시켰다.	The new manager turned the company around.
그 산업은 정부의 지원 덕분에 발전했다.	The industry grew thanks to support from the government.
그들의 서비스의 인기는 구전으로 증가해 왔다.	The popularity of their service has grown from word of mouth.

그 산업/회사에 대한 내 생각

사회에 그 이름을 남겼다.	It has left its mark on society.
그 회사는 우리 경제에 큰 이득이다.	The firm is of great benefit to our economy.
그 회사는 계속해서 명성에 부합하고 있다.	The company continues to live up to its reputation.
대체로, 나는 그 회사 제품들을 즐긴다.	More often than not, I enjoy its products.
그 회사의 가장 최신품들은 아쉬움이 많이 남는다.	Its latest products leave a lot to be desired.
그 회사의 제품들은 내 기대를 넘어섰다.	Its products have exceeded my expectations.
그 회사는 요즘 뉴스거리가 되고 있다.	The firm has been making the news these days.

과거와 현재의 산업/회사

그 산업은 몇몇 어려운 시간을 헤쳐 나갔다.	The industry has pulled through some tough times.
현재는 상당히 많은 경쟁을 직면하고 있다.	It now faces quite a bit of competition.
그것의 성공은 하룻밤 사이에 왔다.	Its success came over night.
그 회사는 그저 일반적인 무명 브랜드였다.	It used to be just a generic no-name brand.
수년 동안 그 회사는 고객의 신뢰를 얻어왔다.	Over the years it has earned customer trust.

산업/회사가 직면한 문제

그 회사는 최근 시장 점유율을 많이 잃었다.	The company has recently lost a lot of market share.
경쟁업체에 뒤떨어질 위험을 무릅쓰고 있다.	It runs the risk of falling behind its rivals.
정부의 새로운 정책들이 산업을 대대적으로 개편할지도 모른다.	New government policies might shake up the industry.
소비자 취향이 미래에 바뀔 수 있다.	Consumer tastes may change in the future.
산업이 둔화하는 조짐을 보인다.	The industry shows signs of slowing down.
그 제품 리콜은 체면을 잃게 했다.	The product recall has caused them to lose face.
그들은 3분기 연속으로 적자를 기록했다.	They have reported losses for the third straight quarter.
그것은 빨리 상황을 호전시킬 방법을 찾아야 한다.	It needs to find a way to turn things around quickly.

UNIT 10 가구·가전

OPIc 답변에 사용되는 다양한 아래 예문들을 통해 답변 아이디어를 얻고 유용한 표현을 익힐 수 있다.

좋아하는 가구

나는 너무 많은 쿠션을 갖고 있다.	I've got **way too many** cushions.
나는 다양한 기능을 가진 가구를 택한다.	I **go for** furniture that is **multifunctional**.
나는 하루가 끝날 때 내 안락의자에 쓰러지듯 주저앉는다.	I **collapse into** my easy chair at the end of the day.
내 침실은 형형색색의 가구로 장식되어 있다.	My bedroom is **decked out** with colorful furniture.
내 책상은 많은 마모를 견딜 수 있다.	My desk can withstand a lot of **wear and tear**.
빨간 소파가 방에 세련됨을 더한다.	The red couch adds some **flair** to the room.
나는 내 책들을 침실에 있는 견고한 선반 위에 둔다.	I keep my books on a **sturdy** shelf in the bedroom.
내 새 의자는 내가 가지고 있던 무거운 것에 비하면 상대적으로 깃털처럼 가볍다.	My new chair is **featherlight** in comparison to the heavy one I used to have.

과거와 현재의 가구 변화

나는 이제 차분한 중간색을 좋아한다.	**I'm into** calm, neutral colors now.
내 현재 가구는 내 예전 것들보다 질이 더 좋다.	My current furniture is **of higher quality** than my old stuff.
나는 잡동사니를 많이 없앴다.	I've gotten rid of a lot of **clutter**.
직장에서 임금 인상을 받은 후 거실 세트를 업그레이드 했다.	I **upgraded** my living room set after I got a **raise** at work.
더 작은 아파트로 이사했을 때 가구들을 줄여야 했다.	I had to **downsize** when I moved to a smaller apartment.
사람들은 전자기기에 더 기꺼이 돈을 들인다.	People are more willing to **shell out** on electronics.

롤플레이 상황 가전제품에 문제가 생겼던 경험

프린터가 또 말썽을 부린다.	The printer is acting up again.
내 냉장고 안의 전구가 나갔다.	The light bulb inside my refrigerator had burned out.
TV 화면의 사진이 흐릿하게 보였다.	The picture on the TV screen looked blurry.
핸드폰을 떨어뜨린 후에 내 핸드폰의 액정이 나갔다.	My phone screen was cracked after I dropped it.
내 전자레인지는 음식을 데우는 데 시간이 한참 걸린다.	My microwave takes forever to heat up food.
커피 머신의 수명이 거의 다 된 것 같다.	I think the coffee maker is almost done for.
내 태블릿이 영상통화 중에 꺼졌다.	My tablet died in the middle of the video call.
그 노트북은 더 이상 충전되지 않는다.	The laptop won't charge up anymore.

롤플레이 상황 가구·가전제품을 구매하려고 상점 직원에게 질문할 때

조금 둘러보고 싶어요.	I'd like to browse around a little.
이 모델이 가진 특별한 기능은 뭔가요?	What special features does this model have?
혹시, 뒤쪽에 다른 토스트기가 있나요?	By any chance, are there any other toasters in the back?
전자기기 구역이 어디인지 제게 알려주시겠어요?	Could you point me toward the electronics section?
냉장고 가격을 흥정할 수 있을까요?	Could we cut a deal on the refrigerator?
제가 원하는 가격대의 제품을 보여주세요.	Please show me something within my price range.

UNIT 11 약속

OPIc 답변에 사용되는 다양한 아래 예문들을 통해 답변 아이디어를 얻고 유용한 표현을 익힐 수 있다.

약속 관련 경험

나는 몸이 좋지 않아서 약속을 취소했다.	I **canceled** because I was a bit **under the weather**.
나는 그곳에 예정보다 일찍 도착했다.	I had gotten there **ahead of time**.
나는 결국 도시 엉뚱한 쪽에 있는 곳에 가게 되었다.	I **ended up** at a place on the wrong side of town.
나는 20분 정도 늦게 나타났다.	I **showed up** about 20 minutes late.
교통량을 생각하지 못했다.	I didn't **account for** traffic.
계획들은 나쁜 날씨로 인해 취소되었다.	Plans were **called off** due to bad weather.
나는 시간에 쫓겨 택시를 탔다.	I took a taxi because I was **pressed for time**.

약속 장소

그곳은 앉아서 수다 떨기에 좋은 곳이다.	It's a good place to sit and **have a chat**.
그 카페는 24시간 내내 문을 연다.	The café is open **around the clock**.
나는 지하철에서 가까운 곳을 고르려 한다.	I try to choose somewhere that is **close to the metro**.
그곳은 느긋한 분위기를 가지고 있다.	It has **a chilled-out atmosphere**.
그 식당의 세트 메뉴는 가성비가 정말 좋다.	The restaurant's set menu **is a really good deal**.
그곳은 지하철역과 연결되어 있다.	It's **connected to** the subway station.
그 장소는 항상 사람들로 가득 차 있다.	The venue is always **loaded with** people.

약속을 잡을 때 하는 활동

나는 내 일정표를 먼저 확인한다.	I check my calendar first.
먼저 우리는 날짜를 정한다.	First we set a date.
나는 어디 갈지는 다른 사람에게 결정하게 맡긴다.	I leave it up to the other person to decide where to go.
나는 우리가 무엇을 할 수 있을 지에 대해 아이디어를 생각해 낸다.	I come up with an idea about what we can do.
우린 날짜와 시간에 대해 왔다 갔다 한다.	We go back and forth about dates and times.
우리는 확실히 하기 위해 세부 사항을 다시 한번 점검한다.	We go over the details again to make sure.
마지막으로 한 번 내가 계획을 요약한다.	I sum up the plan one last time.

롤플레이 상황   친구와 약속을 잡기 위해 친구에게 질문할 때

이번 주말에 한가한 때 있어?	Do you have any free time this weekend?
너는 언제 만나고 싶어?	What time do you want to get together?
너 이번 주말에 아무것도 안 하면, 우리 어디 같이 가는 게 어때?	If you're not doing anything this weekend, how about we go somewhere?
이번 주말에 우리 집에서 시간을 보내는 것이 어때?	Why don't we hang around at my place this weekend?
어쩌면 우린 같이 운동하고 사우나를 갈 수도 있어.	Maybe we can work out together and then hit the sauna.
이번 주말에 나랑 같이 식사하는 게 어때?	How about joining me for a meal this weekend?

UNIT 12 은행

OPIc 답변에 사용되는 다양한 아래 예문들을 통해 답변 아이디어를 얻고 유용한 표현을 익힐 수 있다.

우리나라의 은행

대부분 서비스가 빠르고 공손하다.	The service is **fast and courteous** most of the time.
점심시간에 근무 중인 은행 창구 직원이 더 많았으면 좋겠다.	I wish there were more tellers **on duty** during lunch.
그들은 돈을 키우는 것에 대해 좋은 조언을 해 준다.	They give good advice about **making your money grow**.
예전에는 은행이 몇 개 없었지만, 요즘에는 흔하다.	There were a few banks in the old days, but now they are **commonplace**.
인터넷과 휴대전화 덕분에 요즘은 은행 업무가 아주 쉬운 일이다.	Banking is **no sweat** these days thanks to the Internet and mobile phones.

은행에서 하는 활동

나는 처음 도착하면 번호표를 받는다.	I **take a number** when I first arrive.
창구 직원이 내가 새 계좌를 여는 것을 도와 줄 수 있다.	The teller can help me **open a new account**.
나는 현금 입금을 해야 할 때 그곳에 간다.	I go there when I need to **make a cash deposit**.
나는 인터넷 뱅킹을 신청하기 위해 그곳에 갔다.	I went there to **apply for online banking**.
나는 은행에서 고액지폐를 작은 것으로 교환했다.	I **exchange** my large bills **for** small ones at the bank.
은행 서식을 작성하는 것은 정말 골칫거리일 수 있다.	Filling out bank forms can be a real **pain in the neck**.

은행 관련 경험

나는 내 체크카드의 비밀번호를 잊어버렸다.	I forgot the PIN number for my debit card.
나는 계좌를 여는 데 필요한 서류 작업에 대해 문의하였다.	I inquired about the necessary paperwork to open the account.
체크카드를 잃어버린 것은 세상이 끝나는 것 같이 느껴졌다.	Losing my debit card felt like the end of the world.
나는 은행이 문 닫기 직전에 간신히 도착했다.	I managed to make it to the bank just before it closed.
내가 화장실에서 돌아왔을 때, 내 차례가 다른 사람에게 넘어가 있었다.	When I returned from the restroom, my turn had been given to someone else.
경비는 내가 그곳에 오직 에어컨 때문에 있다는 것을 깨달았을 때 나를 쳐다보았다.	The guard gave me a look when he realized I was there just for the air conditioner.

롤플레이 상황   현금인출기가 카드를 먹은 것에 대해 대안을 제시할 때

제가 실수로 비밀번호를 잘못 눌러서 기계가 제 카드를 먹었습니다.	I entered the wrong PIN by mistake and the machine ate my card.
저는 새 카드를 요청하러 제가 다니는 지점에 갈 시간을 낼 수 있어요.	I can make time to go to my branch to request a new card.
이 지역에서 귀사의 가장 가까운 지점으로 가는 길을 제게 가르쳐 주실 수 있나요?	Could you direct me to your nearest branch in this area?
카드를 회수하기 위해 제가 할 수 있는 일이 있을까요?	Is there anything I can do to retrieve my card?
그것을 찾으러 은행에 잠깐 들를 수 있어요.	I can come by the bank to pick it up.
당신의 즉각적인 응답에 감사합니다.	Thank you for your prompt response.

돌발 주제

UNIT 13 지역 축제

OPIc 답변에 사용되는 다양한 아래 예문들을 통해 답변 아이디어를 얻고 유용한 표현을 익힐 수 있다.

유명한 지역 축제

특정 행사에 대한 입장료는 무료이다.	Admission to certain events is **free of charge**.
음식 축제의 방문객들은 지역 별미들을 시식할 수 있다.	Visitors to the food festival can sample **local delicacies**.
참석자들은 지정된 장소에서 야영하는 것이 허용된다.	Attendees are allowed to **camp out** in designated areas.
드라마 축제는 전국에서 관람객들을 끌어모은다.	The drama festival **draws visitors** from all over the country.
축제에 있는 어린이들은 부모를 동반해야만 한다.	Children at the festival must **be accompanied by** a parent.

지역 축제 장소

축제 장소는 수천 명의 방문객을 수용할 수 있다.	The **festival grounds** can accommodate thousands of visitors.
대부분의 음악 축제들과 같이, 이것은 야외에서 열린다.	Like most music festivals, this one **is held outdoors**.
경기장은 스타의 마지막 공연 동안 꽉 차 있었다.	The Stadium **was packed** during the star's final performance.
보통 교외의 큰 장소에서 열린다.	It's usually held in a big field **on the outskirts of town**.
축제에 참가하는 사람들이 간단히 먹을 수 있는 스낵 가판대가 많이 있다.	There are many food stands where festival-goers can **grab a bite to eat**.
그 음악은 근처의 주민들에게 방해를 야기할 수 있다.	The music may **cause a disturbance** to nearby residents.
올해의 축제는 장소의 변경이 있을 것이다.	This year's festival will have a **change of venue**.

지역 축제 관련 경험

갑자기 하늘이 엄청난 불꽃으로 가득 찼다.	**Just like that** the sky was filled with incredible fireworks.
나는 내가 가장 좋아하는 밴드를 보면서 즐거운 시간을 보냈다.	I had **the time of my life** seeing my favorite band.
화장실 대기 줄은 끝도 없이 이어지는 것 같았다.	The line for the bathroom seemed to **go on forever**.
코미디 축제 도중에 나는 웃다가 거의 죽을 뻔했다.	I **nearly died laughing** during the comedy festival.
그것은 잊을 수 없는 순간이어서 나는 영원히 간직할 것이다.	It was **an unforgettable moment** that I will cherish forever.
나는 구경거리를 위해 앞 좌석에 앉았다.	I **had a front row seat** for the spectacle.

지역 축제에 대한 내 생각

올해의 공연은 나에게 잊히지 않는 인상을 남겼다.	This year's performances **left a lasting impression on me**.
나는 매년 축제를 기다린다.	I **look forward to** the festival every year.
나는 음악 축제에서 늘 아주 즐거운 시간을 보낸다.	I always **have a blast** at the music festival.
나는 이 축제가 내년에 밀려날 것이라고 생각하지 않는다.	I don't think this festival **will be topped** next year.
그 음악 축제는 매년 기다릴 가치가 있다.	The music festival **is worth waiting** for every year.
나는 항상 얼마나 많은 사람들이 나타나는지에 놀란다.	**I'm** always **stunned at** how many people show up.

UNIT 14 지형 · 야외 활동

OPIc 답변에 사용되는 다양한 아래 예문들을 통해 답변 아이디어를 얻고 유용한 표현을 익힐 수 있다.

우리나라의 지형

사방에 산들이 있다.	There are mountains **all over the place**.
한강은 서울 시내를 바로 통과해 흐른다.	The Han River runs **right through** downtown Seoul.
화산섬인 울릉도는 동해에서 찾아볼 수 있다.	The **volcanic island** of Ulleungdo can be found in the East Sea.
바다에는 매력적인 작은 섬들이 여기저기 흩어져 있다.	The seas **are dotted with** charming little islands.
남서쪽에서는 해안이 들쭉날쭉하고 산이 많다.	The coast is very **rugged** and **mountainous** in the southwest.
언덕 꼭대기에 도착하면 아름다운 절을 발견할 것이다.	You will find a beautiful temple when you **reach the top** of the hill.

즐겨 하는 야외 활동

나는 한강을 따라서 이어지는 자전거 길을 이용한다.	I use the bike path that **runs along** the Han River.
몇몇 산을 오르려면 너는 상당히 건강해야 한다.	You need to be pretty **fit** to make it up some of the mountains.
때로는 지치게 만드는 뭔가를 하는 것보다는 그냥 일광욕을 하는 것이 좋다.	Sometimes it's nice to just **sunbathe** rather than to do something **exhausting**.
나는 풀밭에서 소풍하는 것을 항상 즐거운 마음으로 기다렸다.	I always **looked forward to** having a picnic on the grass.
공원 주위를 걷는 것은 혈액 순환을 하는 훌륭한 방법이 될 수 있다.	Walking around a park can be a great way to **get the blood flowing**.

지형·야외 활동 관련 경험

우리는 퇴근 후 해변으로 가는 기차에 곧장 뛰어올랐다.	We **jumped straight** on a train to the coast after work.
나는 처음으로 아이스 스케이트를 타러 갔을 때 넘어져서 손목을 삐었다.	I **fell over and sprained my wrist** the first time I went ice skating.
내가 아이였을 때 우리 부모님이 내가 물장구치도록 데려가시곤 했다.	My parents would take me to **splash in the water** when I was a kid.
다행히 한 친구가 내가 쓸 수 있는 여분의 침낭을 가져왔다.	Luckily, a friend had brought **a spare sleeping bag** I could use.
상쾌한 공기를 마시는 것은 정말 내가 활기를 되찾게 해주었다.	Breathing in the fresh air really **rejuvenated** me.
내리막을 내려갈 때 머리카락 사이를 빠르게 지나가는 바람의 느낌이 환상적이었다.	The feeling of **the wind rushing through my hair** as I went downhill was wonderful.

롤플레이 상황 면접관에게 캐나다의 지형에 대해 질문할 때

제 생각에는 캐나다만큼 큰 나라는 다양한 지형을 가지고 있을 것 같습니다.	I assume a country **as big as Canada** has a lot of different geographic features.
동쪽과 서쪽 지형에 많은 차이가 있나요?	Is there a lot of difference in the **terrain** between east and west?
캐나다에 지리적으로 독특한 곳이 있나요?	Is there a place in Canada that's **geographically unique**?
캐나다에서 방문하기에 좀 더 흥미로운 지역 중 하나가 어디라고 생각하세요?	What would you consider **one of the more interesting spots to visit** in Canada?
저는 늘 그곳에 대해 직접 체험해 얻은 정보를 받고 싶었습니다.	I've always wanted to get **first-hand** information about the place.

UNIT 15 패션

OPIc 답변에 사용되는 다양한 아래 예문들을 통해 답변 아이디어를 얻고 유용한 표현을 익힐 수 있다.

우리나라 사람들의 옷차림

만약 모자가 유행하는 것이면, 모두가 모자를 쓴다.	If hats are the in thing, everyone wears hats.
한국 젊은이들은 똑같은 옷을 자랑스럽게 입는다.	Young Koreans all sport the same look.
해마다, 한국의 패션은 변한다.	Year in, year out, fashion in Korea changes.
여자들은 3월에 자신들의 새 봄옷을 뽐낸다.	Women show off their new spring clothes in March.
나는 찢어진 청바지가 다시 유행하여서 매우 기쁘다.	I'm so glad ripped jeans are back in fashion.
한국에서 미니스커트는 절대 유행이 식지 않는다.	Miniskirts never go out of fashion in Korea.
아주 높은 굽을 가진 신발이 지금 유행이다.	Shoes with killer heels are now in style.
나는 왜 오버사이즈 재킷이 대유행인지 이해가 안 간다.	I don't get why the oversized jackets are a hit.

과거와 현재의 패션 변화

패션 트렌드는 몇 번이고 되풀이된다.	Fashion trends are recycled time and again.
헌 옷을 버리지 않는 것은 좋은 생각이다.	It's a good idea not to throw away old clothes.
어깨 패드는 90년대에 유행이 끝났다.	Shoulder pads stopped being a thing in the 90s.
지금은 어깨 패드가 다시 인기를 얻었다.	Now, shoulder pads have made a comeback.
치마와 반바지가 점점 더 짧아지고 있다.	The skirts and shorts are getting shorter and shorter.
사람들이 입는 것이 덜 제한적으로 되었다.	What people wear has become less restrictive.
젊은 남자들이 중성적인 옷을 입는다.	The young men wear androgynous clothing.

최근 옷을 쇼핑한 경험

옷은 집에서 입어 보면 달라 보인다.	Clothes look different when you **try them on at home.**
그 코트는 정말 잘 산 물건이었다.	That coat was a **great buy.**
마치 코트가 나를 위해 양복점에서 맞춘 것 같았다.	It's like the coat was **tailor-made** for me.
나는 예산을 훨씬 초과했다.	I **went** way **over my budget.**
내 친구들은 결정을 내리려면 한참이 걸린다.	My friends **take forever** to make a decision.
그들은 내게 나한테는 무리인 스타일들을 권했다.	They suggested styles that were **too much** for me.
나는 항상 무엇을 사야 할지 결정을 내리지 못한다.	I can never **make up my mind** what to buy.
나는 5분 만에 드레스를 사게 되었다.	I **wind up** buying a dress in just five minutes.

상황에 맞는 복장

검정 투피스 정장은 면접의 필수품이다.	The two-piece black suit is **a must** for interviews.
고급 식당에서 쪼리를 신는 것은 눈살을 찌푸리게 한다.	Flip-flops **are frowned upon** in fine dining places.
결혼식은 분명 현란한 드레스를 필요로 한다.	A wedding definitely **calls for** a showy dress.
심부름하는 거라면 일상복도 괜찮다.	**Everyday clothes** are fine if you're running an errand.
장례식에 검은 옷을 입는 것은 생각할 필요도 없는 일이다.	Wearing black at a funeral is **a no-brainer.**
집안일을 하고 있을 때는 낡고 지저분한 옷도 괜찮다.	**Ratty old clothes** are fine when you're doing chores.

UNIT 16 전화 통화

OPIc 답변에 사용되는 다양한 아래 예문들을 통해 답변 아이디어를 얻고 유용한 표현을 익힐 수 있다.

전화하는 경향/습관

내 친구들은 소식이 있을 때마다 내게 전화한다.	My friends call me whenever they have news.
나는 지루하거나 외로울 때마다 내 가장 친한 친구에게 전화를 한다.	I give my best friend a call whenever I'm bored or lonely.
나는 전화로 우리 부모님께 안부를 전한다.	I check in with my parents by phone.
내 여동생이 수다쟁이라서 우리는 이야기를 많이 한다.	My sister is a chatterbox, so we talk a lot.
전화가 통화 중이면 나는 그냥 다시 전화한다.	If the number is busy, I just call back.
나는 사소한 일로 사람들에게 전화하는 경향이 있다.	I tend to call people for trivial things.
내가 직장에 도착하자마자, 쉬지 않고 전화가 온다.	As soon as I get to work, it's nonstop phone calls.
나는 종종 상대방을 보기 위해 영상 통화를 한다.	I often make a video call so I can see the other person.

전화 통화 관련 경험

나는 내가 번호를 잘못 눌렀음을 깨달았다.	I realized I had dialed the wrong number.
내가 핸드폰을 사용해서 그는 나를 호되게 꾸짖었다.	He chewed me out for using my cell phone.
나는 20분 넘게 기다리고 있어야 했다.	I was put on hold for over 20 minutes.
그의 목소리가 계속 끊겨서 우리는 전화를 끊었다.	His voice kept breaking up, so we ended the call.
내 전화는 판매원에게 연결되었다.	My call was put through to the salesperson.
내가 너무 크게 말해서 그녀가 나를 째려봤다.	She gave me a dirty look for talking too loudly.

과거와 현재의 전화 통화 경향 변화

더 이상 집 전화번호로 전화하는 것은 흔하지 않다.	It isn't common to call **a home number** anymore.
이제 전화를 피하기가 더 어려워졌다.	It's harder to **avoid a call** now.
내가 번호를 못 알아보겠으면, 그냥 울리게 놔둔다.	If I don't **recognize** a number, I just let it ring.
이제 걸려 오는 전화를 걸러내기가 훨씬 더 쉽다.	It's much easier to **screen incoming calls** now.
요즘 나는 늦은 밤에 걸려 오는 전화를 더 많이 받는다.	Nowadays I get a lot more **late-night calls**.
나는 요즘 훨씬 더 많이 통화를 한다.	I'm **on the phone** a lot more these days.
사람들은 사적인 대화를 사람들이 있는 데서 한다.	People have private conversations **in public**.

핸드폰을 이용한 전화 통화의 장단점

누군가에게 전화를 거는 것은 여느 때보다 쉽다.	Calling someone is **easier than ever**.
나는 내가 원할 때 언제든지 내 친구들에게 전화할 수 있다.	I can **phone up** my friends whenever I want.
사람들은 언제든지 어디에서든지 내게 연락할 수 있다.	People can **reach** me anytime, anywhere.
내 생각에 핸드폰은 필요악이다.	Cell phones are **a necessary evil** in my opinion.
면대면 커뮤니케이션이 더 낫다.	**Face-to-face** communication is better.
나는 핸드폰이 성가신 것이라고 생각한다.	I consider the cell phone to be **a nuisance**.
나는 문자를 주고받는 것이 더 편리하다고 생각한다.	I find **texting** to be more convenient.
텔레마케터들이 온종일 날 괴롭힌다.	Telemarketers bother me **throughout the day**.
내 전화가 밤이고 낮이고 울려댄다.	My phone rings **at all hours**.

UNIT 17 호텔

OPIc 답변에 사용되는 다양한 아래 예문들을 통해 답변 아이디어를 얻고 유용한 표현을 익힐 수 있다.

우리나라의 호텔

호텔 성수기는 여름 동안이다.	**Peak season** for hotels is in the summer.
많은 한국 호텔에 노래방 기계가 있다.	Many hotels in Korea have **karaoke machines**.
서비스의 질이 일류다.	The quality of service is **top-notch**.
어떤 호텔들은 테마가 있는 방이 있다.	Some hotels have **theme rooms**.
공항으로 오고 가는 데 이용 가능한 셔틀버스가 있다.	Shuttle service is available **to and from the airport**.
호텔 직원들은 여러 언어를 사용할 수 있다.	The hotel staff is **multilingual**.
몇몇 호텔들은 호텔에 붙어있는 사우나가 있다.	Some hotels have **saunas attached to them**.

호텔 관련 경험

호텔이 우리에게 무료 업그레이드를 해주었다.	The hotel gave us **a free upgrade**.
나는 소음에 대해 항의하기 위해 안내 데스크에 전화했다.	I called the front desk to **complain about the noise**.
그곳에 묵으니 내가 왕족같이 느껴졌다.	I **felt like royalty** staying there.
호텔은 휴가철을 위해 장식되어 있었다.	The hotel was **decked out** for the holiday season.
나는 호텔직원 중 한 명과 친구가 되었다.	I **made friends** with one of the hotel staff members.
우리의 방문은 그 돈을 들일 만한 가치가 있었다.	Our stay was **worth every penny**.
그곳에서 콘퍼런스가 열리고 있는 듯 해 보였다.	It seemed like there was a conference **being held** there.

호텔에서 하는 활동

나는 안에 머무르면서 룸서비스를 주문하는 것을 좋아한다.	I like to stay in and order room service.
나는 텔레비전 채널을 휙휙 넘기며 몇 시간을 보낸다.	I spend hours flipping through television channels.
나는 항상 숙면을 취한다.	I always get a good night's sleep.
나는 그 지역 레스토랑의 배달 메뉴를 살펴본다.	I look through the delivery menus of local restaurants.
행사장을 빌릴 수 있다.	You can rent out the event room.
나는 모닝콜을 부탁한다.	I ask for a wake-up call.
가끔 나는 유료 영화를 본다.	Sometimes I watch pay-per-view movies.
나는 욕조에서 목욕한다.	I take a soak in the bath.
관광지를 추천해달라고 호텔 안내원에게 전화한다.	I call the concierge for sightseeing recommendations.

롤플레이 상황   호텔에 예약하려고 직원에게 질문할 때

하룻밤에 요금이 얼마예요?	What's the rate per night?
전망이 좋은 방을 구할 수 있나요?	Can I get a room with a view?
체크아웃 시간은 언제예요?	What is the checkout time?
취소에 대한 방침이 어때요?	What is your cancellation policy?
호텔이 제공하는 편의시설은 무엇이 있어요?	What amenities does your hotel offer?
아침 식사가 가격에 포함되어 있나요?	Is breakfast included in the price?
장기 투숙에 대한 할인이 있나요?	Is there a discount for extended stays?

UNIT 18 기술

OPIc 답변에 사용되는 다양한 아래 예문들을 통해 답변 아이디어를 얻고 유용한 표현을 익힐 수 있다.

우리나라의 기술

한국은 전자기기 시장을 장악하고 있다.	Korea is **taking over** the electronics market.
한국은 기술의 세계적 중심지가 되었다.	Korea has become a **global hub** for technology.
대부분의 요즘 한국 젊은이들은 기술에 정통하다.	Most Korean youth today are **tech savvy**.
전기 자동차들이 유행하고 있다.	Electric vehicles are **coming into fashion**.
로봇 청소기가 마침내 유행하게 되었다.	Robotic vacuums have finally **caught on**.
스마트폰은 항상 인기 상품이다.	Smartphones are always **a hot item**.
한국은 기술 혁신의 최첨단에 서 있다.	Korea is **on the cutting edge** of technological innovation.

기술 관련 경험

나는 그것의 사용법을 알아내지 못했다.	I couldn't **figure out** how to use it.
나는 실수로 하드 드라이브에 있는 모든 것을 완전히 지워 버렸다.	I accidentally **wiped out** everything on my hard drive.
나는 스마트 태블릿의 데이터를 모두 사용해 버렸다.	I had **used up** all of the data on my smart tablet.
내 노트북이 말을 안 들었다.	My laptop was **acting up**.
내 컴퓨터가 계속 작동이 되지 않았다.	My computer kept **crashing**.
하드 드라이브가 빨리 가득 차서 계속 파일을 지워야 했다.	I had to keep deleting files because the hard drive **filled up** fast.
나는 새 컴퓨터로 인해 날 듯이 기뻤다.	I was **over the moon about** my new computer.

과거와 현재의 기술 변화

사람들은 일반전화로 전화를 걸곤 했었다.	People used to make calls on landlines.
기존의 느린 우편 제도로 편지를 보내야 했다.	You used to have to send letters by snail mail.
무선 인터넷이 되는 곳을 찾기 어려웠다.	It was rare to find a Wi-Fi hotspot.
이제 우리는 끊임없는 커뮤니케이션을 상대해야 한다.	Now we have to deal with constant communication.
핸드폰은 오직 전화를 거는 데만 사용되었다.	Cell phones were only for making calls.
기계들은 가지고 다니기 더 어려웠다.	Technological devices were harder to carry around.
오늘날의 컴퓨터는 과거의 것보다 훨씬 앞선 것이다.	Computers today are light years ahead of those of the past.

롤플레이 상황　면접관이 평소 사용하는 기술에 대해 질문할 때

어떤 종류의 기술을 일상생활에서 사용하나요?	What kinds of technology do you use in your daily life?
당신에게 없어서는 안 될 기술은 무엇인가요?	What technology could you not do without?
당신은 스마트폰에 들러붙어 있나요?	Are you glued to your smartphone?
어떤 기술에 가장 많이 의존하나요?	Which technology do you rely on the most?
기술과 관련해 어떤 문제를 마주쳤나요?	What problems have you run into with technology?
당신의 기계 중 무엇이 가장 자주 고장 나나요?	Which of your technological devices break down most often?

UNIT 19 건강 · 병원

OPIc 답변에 사용되는 다양한 아래 예문들을 통해 답변 아이디어를 얻고 유용한 표현을 익힐 수 있다.

건강한 사람

60세에도, 우리 엄마는 아주 건강하다.	At 60, my mom is still in great shape.
그는 그 나이의 남자치고는 꽤 건강하다.	He's fairly healthy for a man his age.
엄마는 날이면 날마다 정신을 수련한다.	Day in, day out, my mom exercises her mind.
긍정적인 정신 상태가 그녀가 건강을 유지하게 해준다.	A positive state of mind keeps her healthy.
그녀는 언제나 잊지 않고 야채를 섭취한다.	She always remembers to eat her vegetables.
만약 내가 엄마의 놀라운 건강을 가졌더라면!	If only I had my mother's amazing health.
그녀는 어떤 것도 그녀를 오랫동안 괴롭히도록 놔두지 않는다.	She never lets anything trouble her for long.
그녀는 "일찍 자고, 일찍 일어나는 것이 건강에 좋다"는 속담을 따라 산다.	She goes by the saying "early to bed, early to rise."

건강 유지를 위해 하는 활동

건강을 유지하려면 조금 먹고 더 많이 운동해야 한다.	In order to stay fit, you have to eat less and exercise more.
어떠한 경우든지, 절제가 최선의 방책이다.	In any case, moderation is probably the best policy.
일주일에 세 번 운동하는 습관을 들여라.	Make it a habit to work out three times a week.
약을 먹을 때는 아무리 조심해도 지나치지 않다.	You can't be too careful when taking medicine.
패스트푸드와 탄산음료의 섭취를 제한해야 한다.	You should limit your consumption of fast food and fizzy drinks.
너는 곧 네가 먹는 것이라는 것은 적나라한 진실이다.	That you are what you eat is the naked truth.
7시간의 수면을 취하는 것은 너의 원기를 회복시킬 수 있다.	Getting seven hours a night can refresh you.

병원 관련 경험

나는 확실히 하기 위해 온갖 테스트를 참았다.	I **put up with** all kinds of tests just to make sure.
나는 간호사가 피를 뽑을 때 더 이상 움찔하지 않는다.	I no longer **flinch** when a nurse draws my blood.
나는 이 의사들에게 감사한 마음뿐이다.	I **have nothing but appreciation** for these doctors.
나는 내가 고혈압인 것을 사실을 알고 놀랐다.	I was surprised to learn that I **have high blood pressure**.
의사는 아마 내가 과로했고 스트레스를 받았을 거라고 했다.	My doctor said I was probably **overworked and stressed out**.
MRI의 아주 작은 공간이 내가 밀실 공포증을 느끼게 했다.	The tiny space in the MRI machine made me **feel claustrophobic**.
나는 손을 베었을 때, 지혈을 위해 꿰매야 했다.	When I cut my hand, I needed stitches to **stop the bleeding**.

롤플레이 상황   병원을 예약했으나 못 가게 되어서 대안을 제시할 때

저는 내일 가지 못할 것 같아요.	I'm afraid I can't **make it** tomorrow.
제가 다른 환자와 시간대를 바꿀 수 있을까요?	Could I **switch time slots** with another patient?
정오에 가까운 시간이면 굉장히 좋을 거예요.	A time closer to noon would be **super**.
만약 그게 불가능하다면, 오늘은 어때요?	If that's **out of the question**, how about today?
다시 한번 감사합니다. 너무 갑자기 연락을 드려 죄송해요.	Thanks again. I'm sorry it's **on such short notice**.

UNIT 20 재활용

OPIc 답변에 사용되는 다양한 아래 예문들을 통해 답변 아이디어를 얻고 유용한 표현을 익힐 수 있다.

우리나라의 재활용

재활용은 환경에 돌려주는 좋은 방법이다.	Recycling is a great way to give back to the environment.
대부분의 사람들은 재활용을 하기 위해 특별히 애를 쓴다.	Most people go out of their way to recycle.
이제 더 적은 쓰레기가 매립지로 가게 된다.	Now, less trash ends up in landfills.
재활용이 한국에서 항상 이렇게 대단한 일이었던 것은 아니다.	Recycling was not always such a big deal in Korea.
사람들은 이 아이디어를 지원해 왔다.	People have thrown their weight behind the idea.

재활용 관련 경험

아파트 경비원은 내가 캔을 잘못된 봉투에 버려서 화가 났다.	The security guard got mad when I threw cans into the wrong bag.
내 옛날 가구를 그냥 버리는 데 10달러가 들었다.	It cost me $10 just to throw my old furniture away.
나는 엉뚱한 날에 재활용품을 내놓아서 벌금을 물었다.	I was fined for putting out my recyclables on the wrong day.
내가 쓰레기봉투를 제대로 사용하지 않아서 내 쓰레기가 수거되지 않았다.	My garbage wasn't collected because I didn't use the right trash bag.
나는 집 주변의 빈 병을 모아서 돈으로 바꾸곤 했었다.	I used to collect empty bottles around the house and exchange them for money.

집에서 하는 재활용

나는 늘 병과 캔을 분리한다.	I always **separate** bottles from cans.
어떤 사람들은 병을 버리기 전에 물로 씻는다.	Some people **wash out** the bottles before throwing them out.
박스를 부수는 것은 그들을 쌓기 더 쉽게 만든다.	**Breaking** boxes **down** makes them easier to stack.
나는 비닐봉지 사용을 피하려고 식료품점에 직접 봉투를 가져간다.	I **bring my own bag** to the grocery store to avoid using plastic.
우리는 집의 모든 재활용품을 위한 별도의 용기가 있다.	We keep separate containers in the house for all our **recyclables**.
나는 무엇이 재활용되어야 하는지 아직도 헷갈린다.	I still **get mixed up** about what needs recycling.
재활용품은 쓰레기와 함께 일주일에 한 번 수거된다.	The recycling **gets picked up** with the trash once a week.
대다수의 경우, 우린 음식점에서 받은 용기를 재사용한다.	A lot of the time, we'll **reuse** the containers we get from restaurants.

롤플레이 상황   면접관에게 재활용에 대해 질문할 때

당신은 재활용에 대해 얼마나 엄격한가요?	**How strict** are you about your recycling?
오래된 가전제품은 어디로 가져가나요?	Where do you take your old **appliances**?
전자기기들은 어떻게 하나요?	**What do you do about** your electronics?
당신은 가끔 재활용이 귀찮은 일이라고 생각하지 않나요?	Don't you think recycling is **a hassle** sometimes?
당신은 재활용을 시작한 이후에 당신의 생활방식을 조정해야 했나요?	Have you had to **adjust your lifestyle** since you started recycling?

MEMO

MEMO